サクッとわかる

脳科学

ビジネス教養

加藤 俊徳 著
脳内科医／「脳の学校」代表

新星出版社

はじめに

introduction

最も不思議で身近な脳科学の世界へ。自分の脳を知れば、可能性は無限大に広がる。

脳は、私たちのすべての行動や思考を支える中心の器官ですが、その仕組みを正しく理解している人は意外と少ないのではないでしょうか。記憶力を高める方法や集中力を維持するコツ、感情をコントロールする仕組みなど、脳にまつわる疑問は尽きません。

本書では、脳の基本的な仕組みをパーツごとに整理し、誰にでもわかりやすいように解説しています。脳の各部位の役割を知ることで、脳がどのように情報を処理し、私たちの行動に繋がっているのかを理解できるでしょう。大脳や小脳、脳幹といった大きなパーツから、脳のネットワークを形づくるシナプス、そしてそこでやり取りされている神経伝達物質などの小さなものまで、代表的なものを取り上げています。また、記憶や感情、運動などのメカニズムについても、専門的になりすぎないよう、なるべく平易な言葉で説明しています。

本書で特に伝えたいのが、「脳番地」と「脳の枝ぶり」に関する内容です。脳番地とは、脳の各部位がどのような機能を担っているのかを整理し、マッピングしたものです。脳番地ごとに適したトレーニング方法を紹介し、自分の脳の特性に合った鍛え方を見つける手助けをします。脳の枝ぶりは、脳の白質の発達具合を指したもの。その人の経験や学習の積み重ねによって成長していくので、個人ごとに異なる形をしています。

本書の後半では、近年耳にする機会が増えた「発達障害」についても、脳科学的な知見からの解説を行います。言葉ばかりが一人歩きし、誤解されることも多い、この脳の特性と対処方法についての理解を少しでも深めていただきたいです。

脳に関する俗説についても解説しています。「脳は10％しか使われていない」「頭の良さは遺伝で決まる」「右脳型・左脳型の違いがある」といった話を耳にしたことがあるかもしれません。これらの真偽を科学的な視点から紐解き、読者の皆さんに脳への興味と理解をより深めていただきたいと思います。

脳を知ることとは、自分自身を知ることに繋がります。本書が、脳に興味を持ち、自分の可能性を最大限に活かすきっかけになれば幸いです。

脳内科医・「脳の学校」代表　加藤俊徳

脳科学

CONTENTS

STAFF

デザイン…鈴木大輔・仲條世菜（ソウルデザイン）
イラスト…前田はんきち
DTP…加賀見祥子
編集…木内渉太郎・齋藤彰子・原澤大樹（KWC）

一番身近なのに一番不思議な存在

私たちは毎日、脳を使って考え、感じ、行動しています。たとえば、あなたが今この文章を読んでいるのも、脳が文字を認識し、意味を理解し、記憶と照らし合わせながら処理しているから。私たちの意識はすべて脳によって生み出されています。

　それなのに、日々の生活の中で脳そのものを「自分自身」として実感することはないでしょうし、脳の仕組みを意識することもほとんどないのではないでしょうか。

　それは、科学の世界でも同じ。脳は、数百億個の神経細

——それが脳

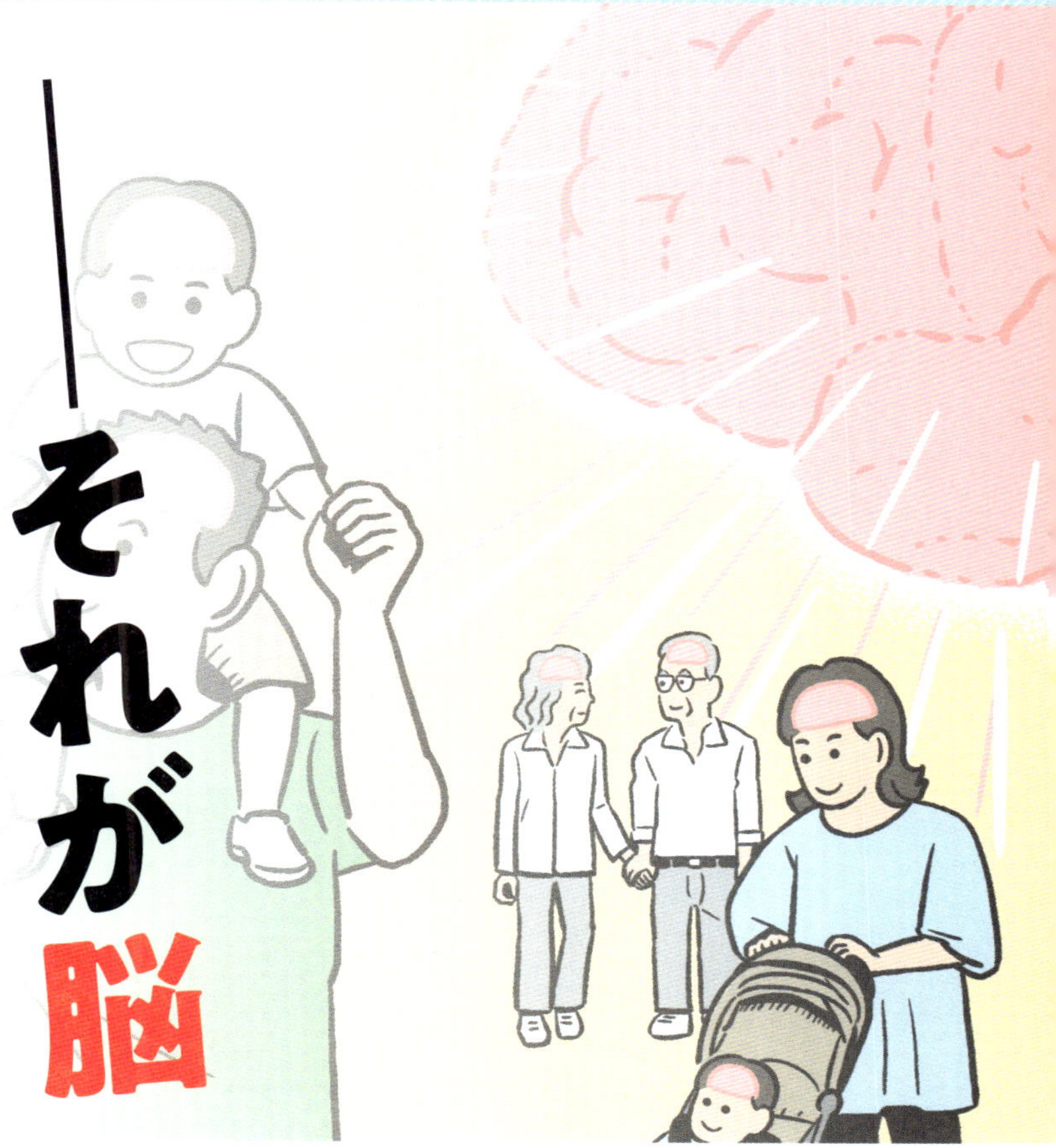

胞が繋がり合い、瞬時に膨大な情報を処理しながら、記憶や感情、創造力を生み出しています。しかし、その働きのすべてを、いまだに解明しきれていないのです。

それが、近年の研究によって、その謎が少しずつ明らかになりつつあります。本書では、そんな脳の驚くべき仕組みをわかりやすく解説していきます。

脳の中で何が起こっているのかを知ることで、あなたの「考える」という行為が、これまでと違ったものに感じられるかもしれません。

個人の脳の特性と
かす脳の秘密！

かつて、脳の働きを知るには解剖するしかありませんでした。しかし現代では、MRI（磁気共鳴画像装置）によって、生きた脳の構造や活動の様子を観察できるようになりました。そのおかげで、脳の機能を、より深く、科学的に理解することが可能になったのです。

特に注目されているのが、「脳の枝ぶり」と「脳番地」です。脳の枝ぶりは、脳内の情報伝達を担うネットワーク、白質の発達具合のこと。そして脳番地は、主に大脳皮質をいくつかのエリアに区切り、

それぞれどんな機能を担っているかをマッピングしたもの。各脳番地にどれくらい枝ぶりが発達してるかが可視化されることで、個々人の脳の特性をより深く理解できるようになったのです。つまり、個人の脳の状態を観察し、何が得意で何が不得意かを科学的に説明できるようになったということ。これにより、脳のトレーニングも「どこをどう鍛えるべきか」を個別に最適化できる時代が到来しています。あなたの脳には、まだまだ伸びしろがあるかもしれません。いや、必ずあるのです。

MRIが解き明

向き不向きが丸見えに！

強みを伸ばすか、弱みを引き上げるか…

脳の特性に合わせた人生設計が可能な時代の到来！

脳に伸びしろがあると言っても、脳は年齢とともに衰えるもの。――そんな固定観念を持っていないでしょうか。確かに、加齢によって脳は変化します。しかし、それは単なる衰えではなく、環境や経験に適応するための「最適化」です。そして、適切な刺激を与え続けることで、脳の枝ぶりは成長し、維持され、望ん

子どもも　大人も　おじーちゃんも　おばーちゃんも…
脳はいつだって変われるのだ！

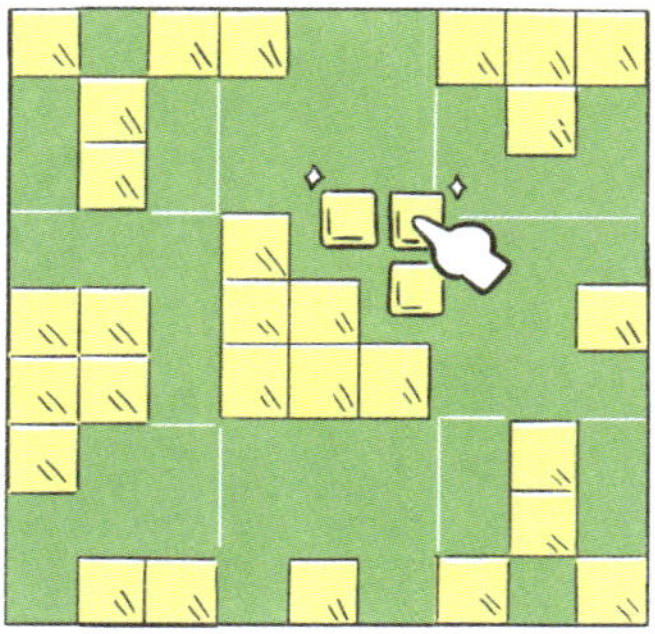

だ形になっていきます。

　たとえば、言語を扱う脳番地を刺激することで表現力が豊かになり、運動を司る脳番地を鍛えることで体の動きがスムーズになる。楽器演奏や読書、パズル、スポーツなど、新しい挑戦を続けることで、対応する脳番地に繋がる「脳の枝ぶり」が発達し、維持されていきます。脳を鍛えるのに「遅すぎる」ことはないのです。

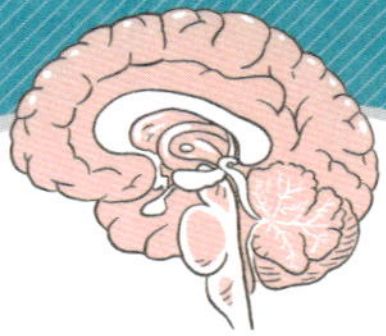

PART 1

脳はすごい

CHAPTER 1

まるで
専門家集団で
すごい

この章でわかること

脳を構成する
主なパーツについて

大脳、 中脳、 小脳など、 脳がさまざまなパーツで構成されていることは多くの人が知っているところでしょう。 しかし、 それらは大きな区分けにすぎず、 さらに細分化して名前がつけられています。 その中から代表的なものを解説します。

脳のパーツごとの
機能と働き

たとえば大脳の中でも「前頭葉は思考や意思」「後頭葉は視覚情報の分析」というように、 パーツごとに特定の機能を担っています。 そうした専門的な機能を、 最低限おさえておくべき代表的な脳のパーツごとに解説します。

ミクロレベルのパーツと
信号のやり取りについて

脳のパーツをさらに細分化すると、 脳の神経細胞 「ニューロン」と、 その接合部で情報伝達の場である 「シナプス」 に行きつきます。 そこで情報伝達の信号として交わされる 「神経伝達物質」についても、 代表的なものを紹介します。

Brain Science

ペットボトル3本サイズのパソコン？ 成人の脳の基本的なスペック

未解明な部分が多く、あらゆる機能を担う脳。一つひとつのスペックを見ると、身近なものに似ています。

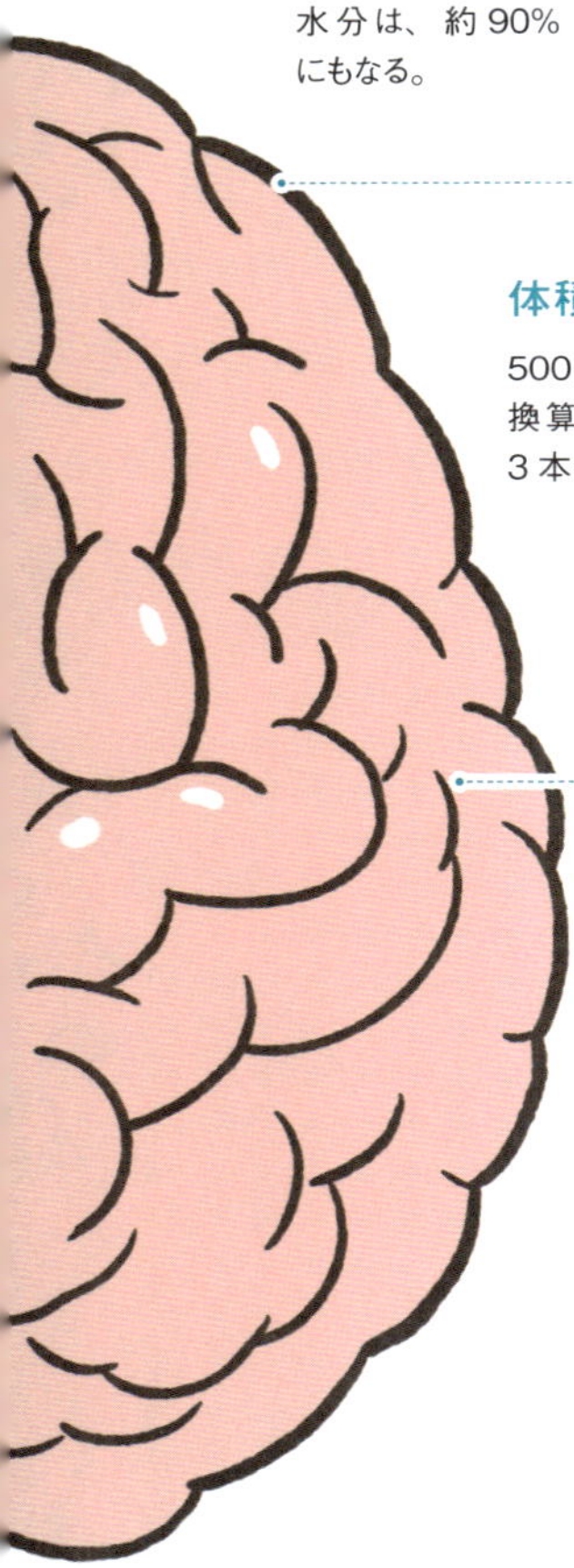

主成分：タンパク質と脂質

乾燥重量で見ると、脳の約 40% がタンパク質で約 60% が脂質だ。水分を含む場合、成人では約 60 ～ 65% が水分。ちなみに、胎児の時の脳の水分は、約 90% にもなる。

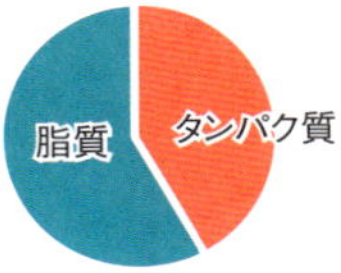

体積：約 1400mℓ

500mℓのペットボトルで換算すると、だいたい 3 本分の体積しかない。

やわらかさ：豆腐くらい

脳はとてもやわらかくて脆い。成人は木綿豆腐くらいで、胎児は絹ごし豆腐くらいのやわらかさ。

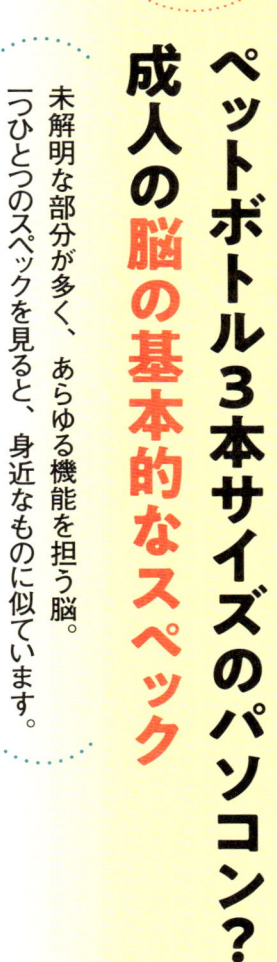

身近なもので表した脳のスペック

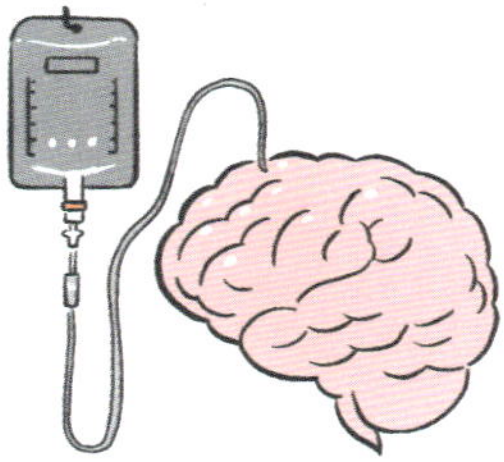

養分：ブドウ糖

脳が利用できる栄養素はブドウ糖。1日で100gほど消費する。

耐久温度：42～43℃

体温計で計測できるのが42℃前後なのも、脳の限界を上限にしているから。

処理速度：スパコン超え

2013年に日本のスーパーコンピューターが、ヒトの脳の1%をシミュレーションした。脳による処理の1秒に相当する計算に、40分程度かかったことから、ヒトの脳の処理速度は計り知れない。

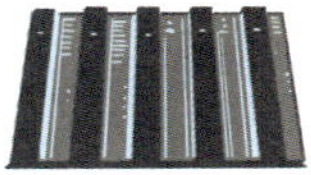

データ容量：約1PB？

脳の記憶容量の推計は研究によって大きく異なる。近年の研究で最も多い推計値の1つでは、およそ1PB（ペタバイト）とされる。家庭用の一般的なニーズのHDDが1TB（テラバイト）程度だとすると、1000個分にあたる。

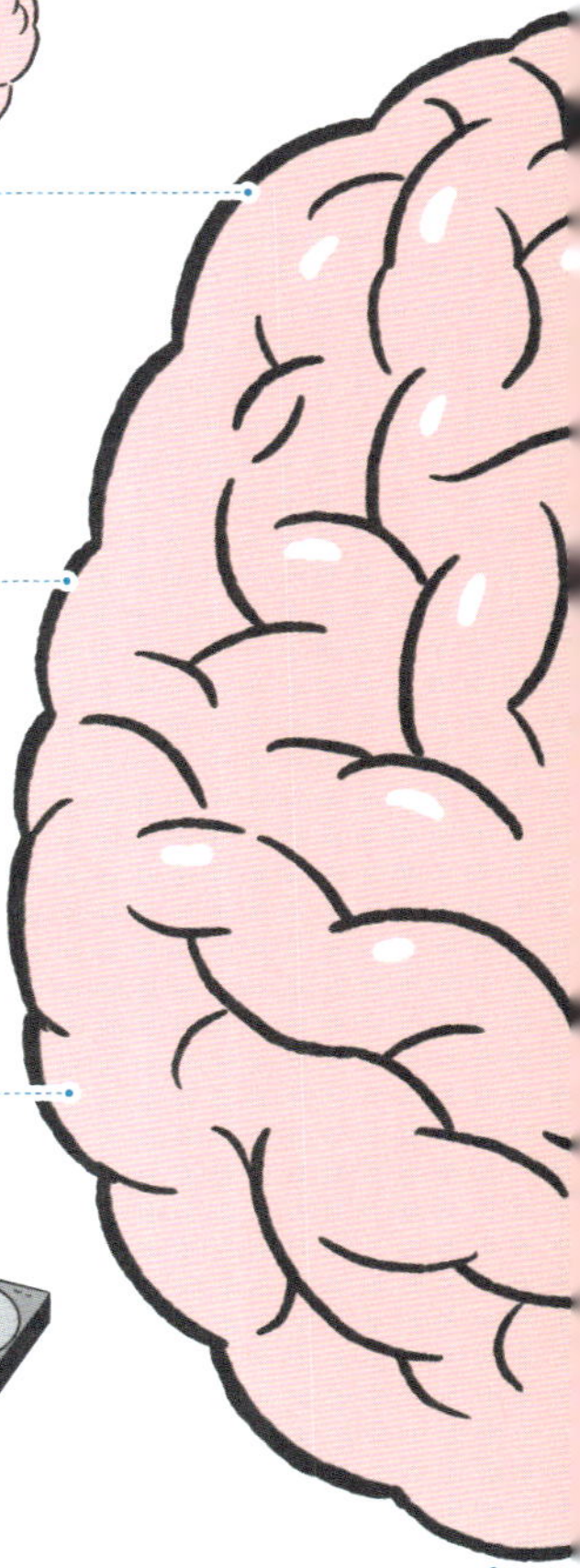

脳全体の見取り図

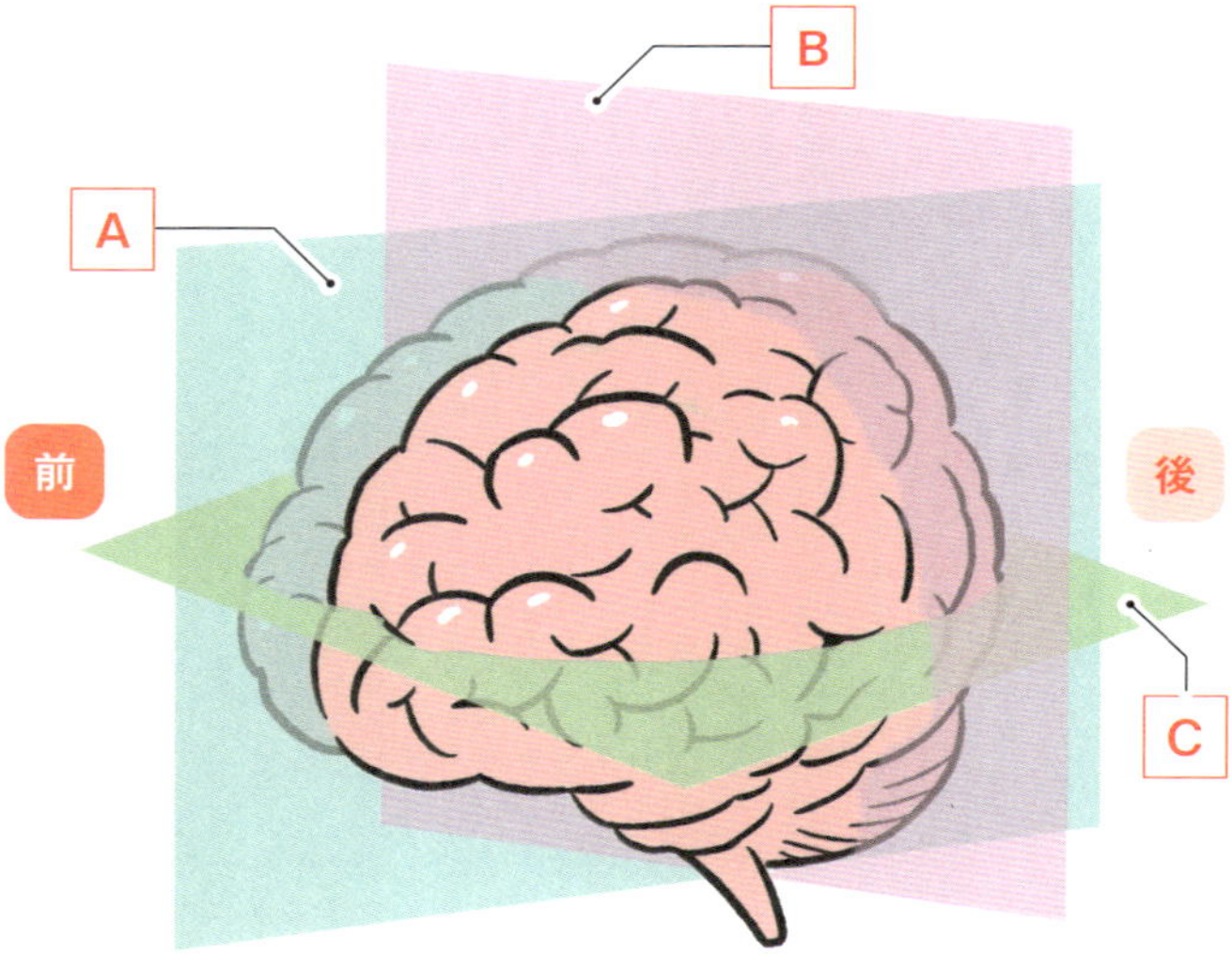
B
A
前
後
C

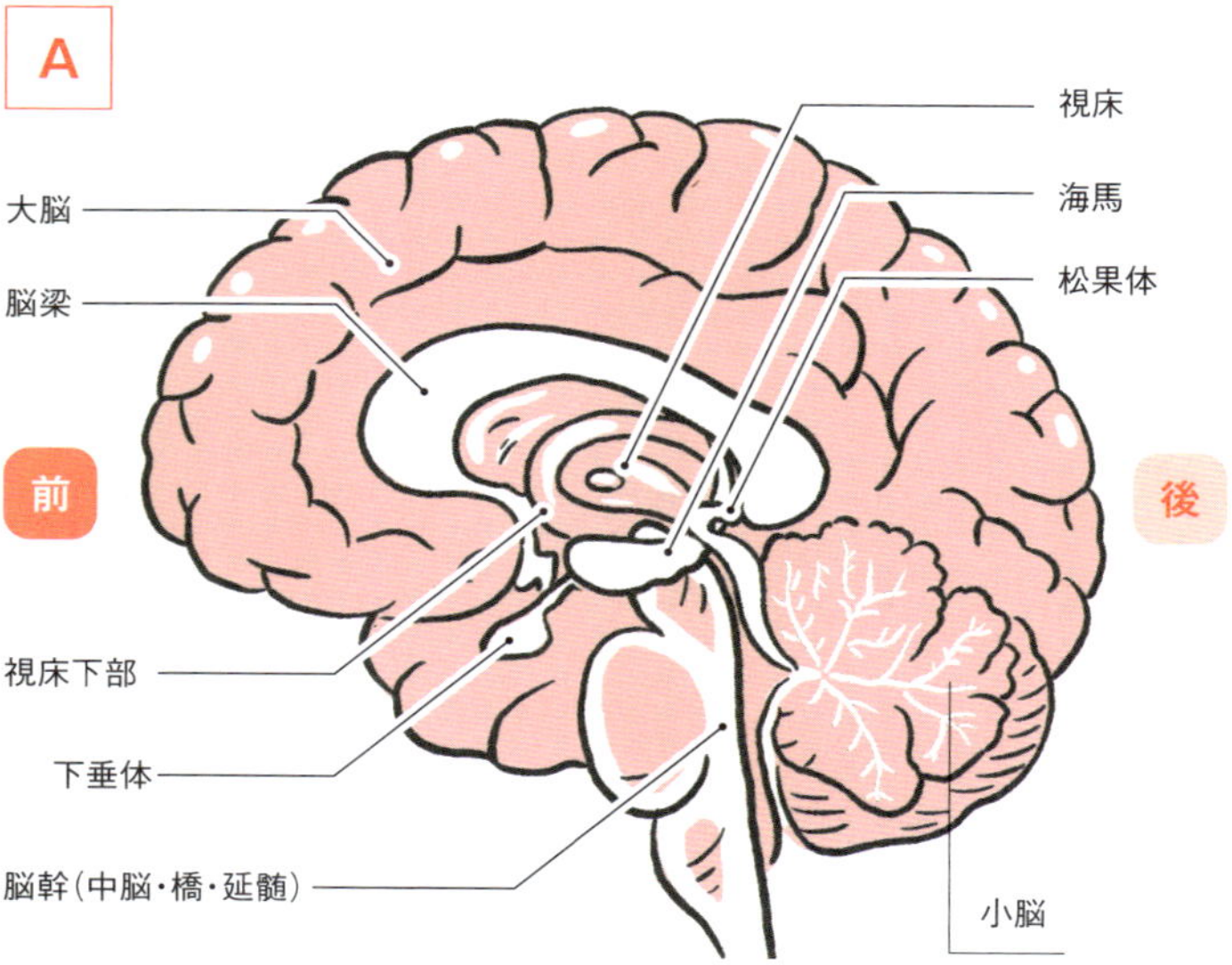
A
視床
大脳
海馬
脳梁
松果体
前
後
視床下部
下垂体
脳幹（中脳・橋・延髄）
小脳

B （前方から）

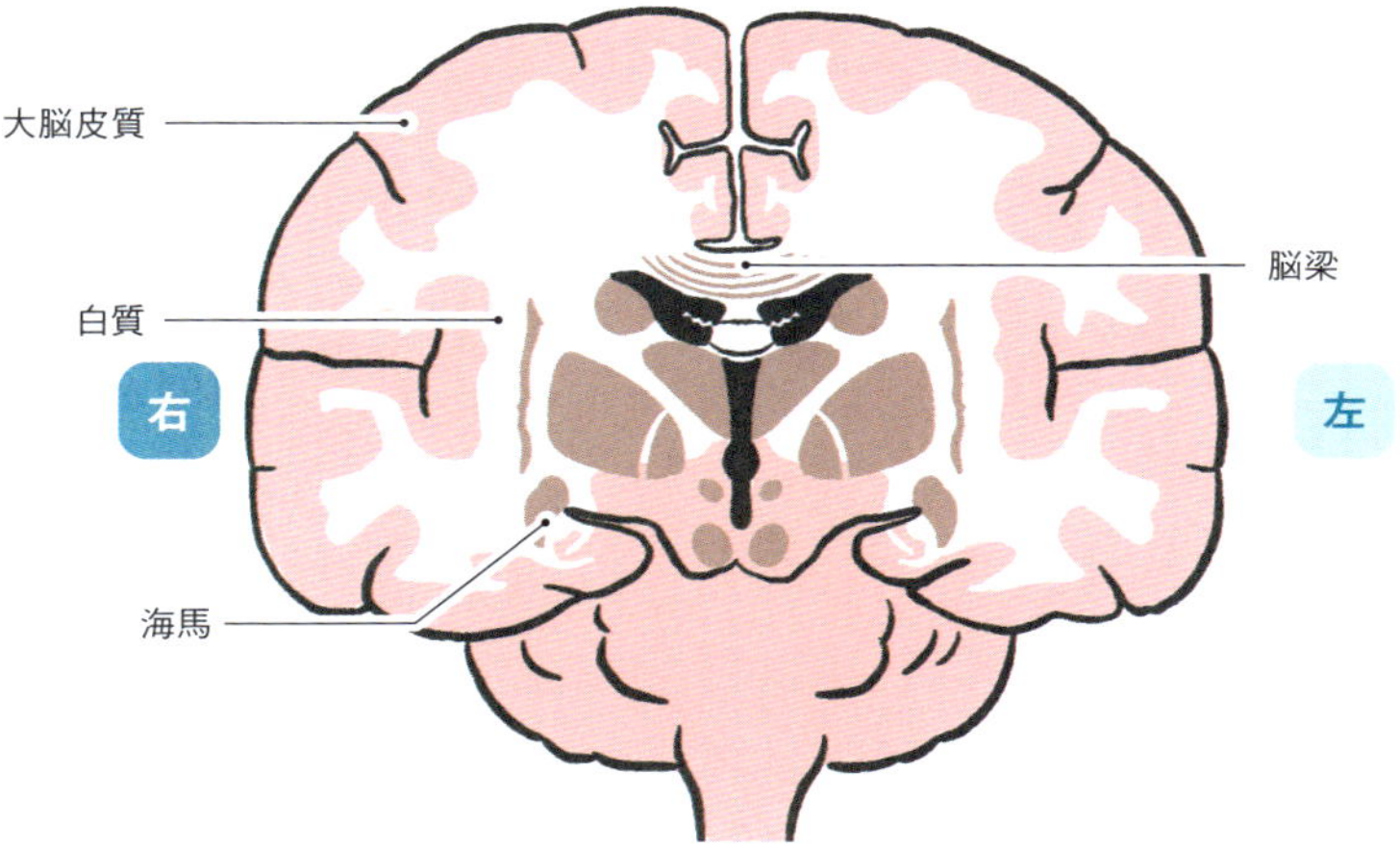

C （上方から）

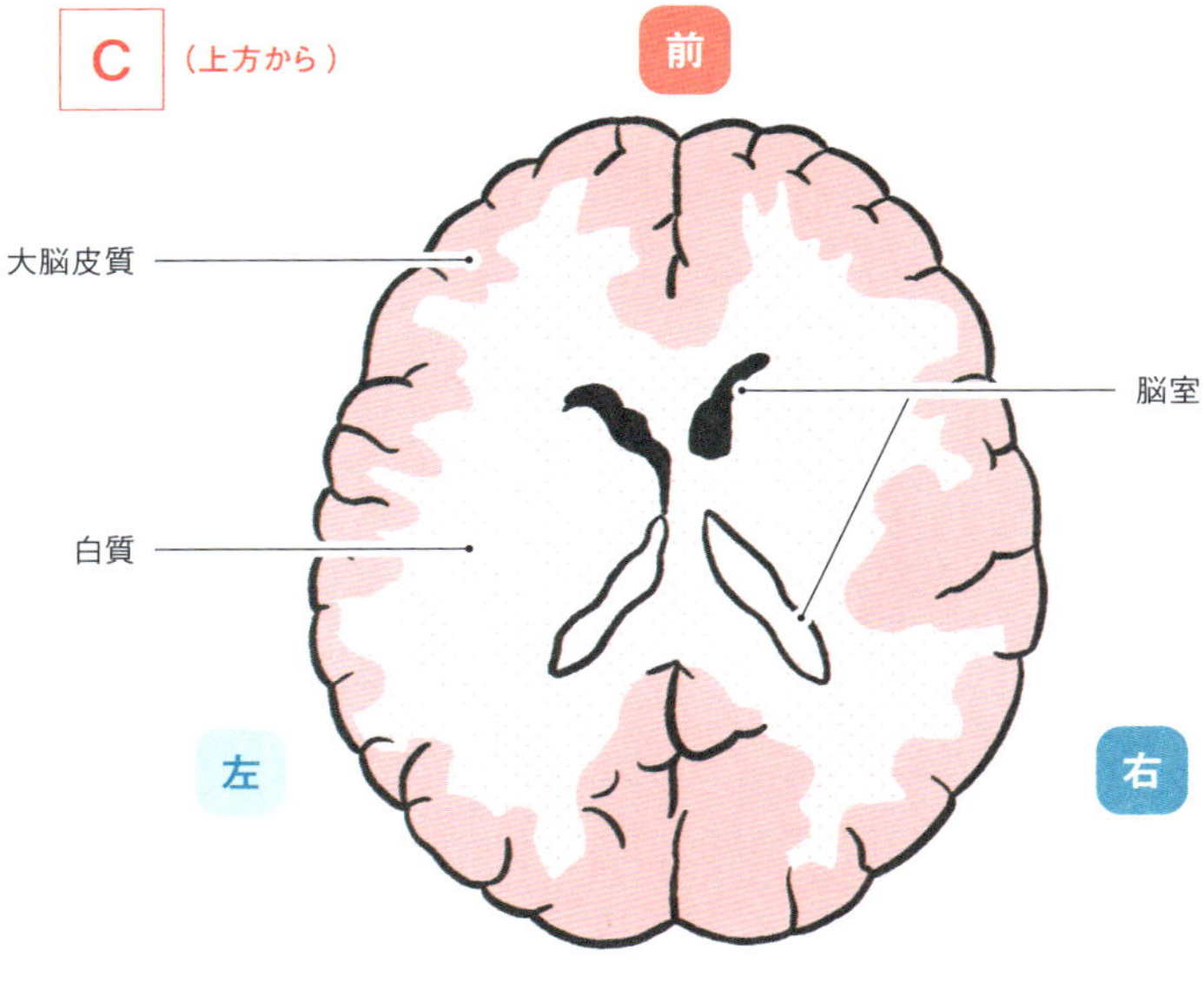

Brain Science

脳はパーツごとに役割が細分化されている！

私たちが持っているたった1つだけの脳。実は、さまざまな分野に特化したパーツの組み合わせでできています。

思考や社会構築の要である【大脳】ヒトをヒトたらしめる脳の重要パーツ

ヒトの大脳は、あらゆる動物の中で特に高度な知覚や行動を支える中枢として著しく発達した脳の一部です。多くの動物では、基本的な感覚処理や運動制御、生存するための状況判断などを担う役割にとどまります。ところが、**ヒトでは種の保存だけでなく、個人としての〝その人の意思〟が反映され、さらに多くの情報処理を行います。** ヒ

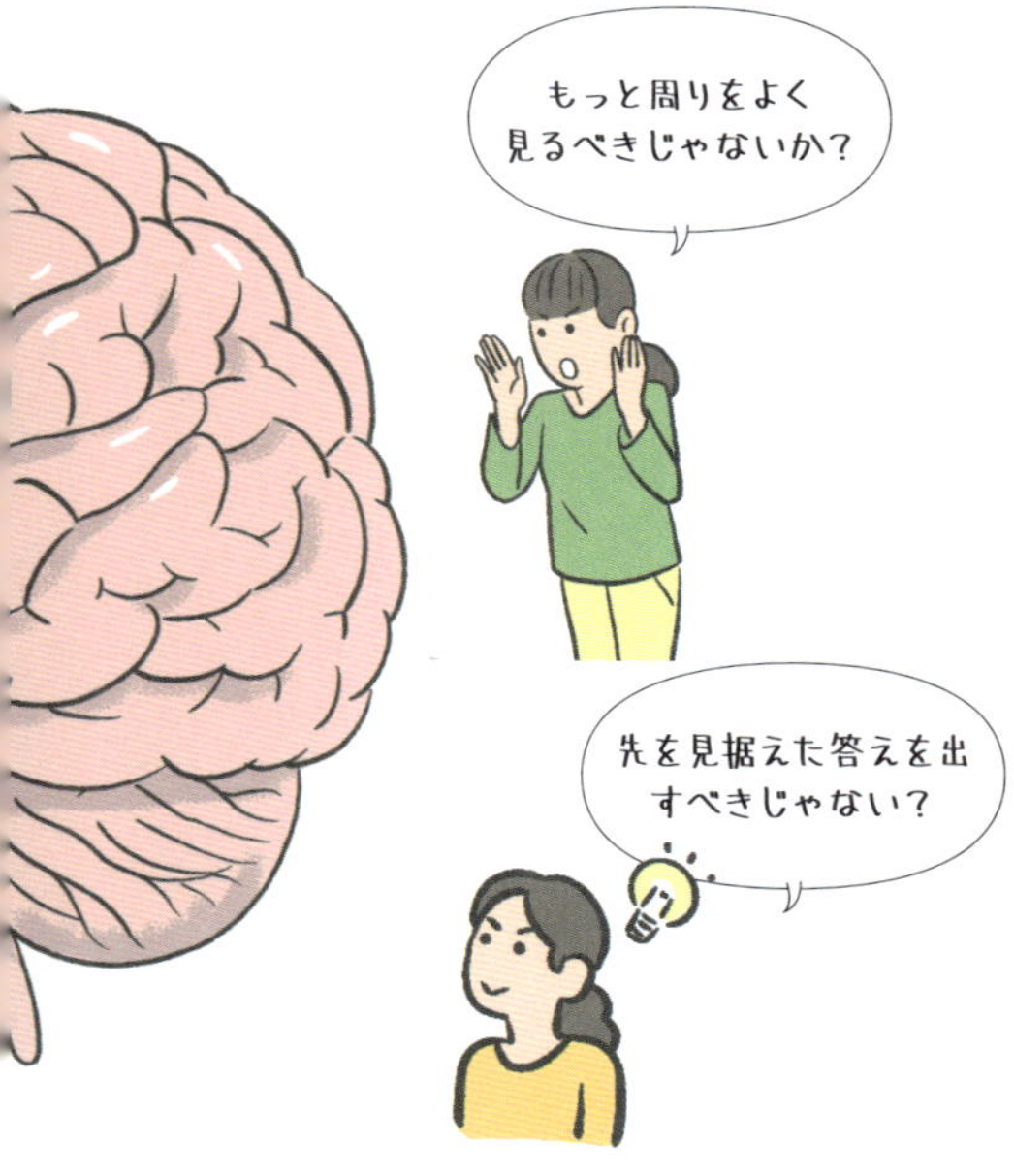
もっと周りをよく見るべきじゃないか？
先を見据えた答えを出すべきじゃない？

トの大脳の主な機能は、記憶や学習、感情、創造性、感覚処理、運動制御など、私たちの生活に深く関わり、多岐にわたっています。こうした膨大な情報処理は、脳全体の約80％を占める大脳に依存。その結果、生命の維持を超えた複雑な思考や創造的な活動が可能になり、計画的かつ柔軟な行動を生み出す器官へと変化しました。現在の複雑な社会が形成されているのも、まさに形態的・機能的に発達した大脳があってこそ。そう言う意味では、**大脳はヒトの知性や感情、行動の基盤を形作るだけでなく、私たちの社会や文化そのものを支える役割を果たしている**と言えるでしょう。

そんな大脳は、丸ごと1つで膨大な情報を処理しているわけではありません。前頭葉・頭頂葉・側頭葉・後頭葉といったパーツごとに情報処理で担う役割が異なり、互いに連携しながら複雑な思考を形づくっています。

大脳の役割は“脳内会議”そのもの

感情を整理したり、難しい問題に直面したりした時、私たちはさまざまな意見や思考を頭の中でシミュレーションします。俗に「脳内会議」とも言われますが、実はそれは、脳内で常日頃から行われている活動です。前頭葉や後頭葉など、大脳内の場所ごとに専門的に処理する情報が異なります。それらを統合して、1つの目的を実現するための思考を生み出しているのです。

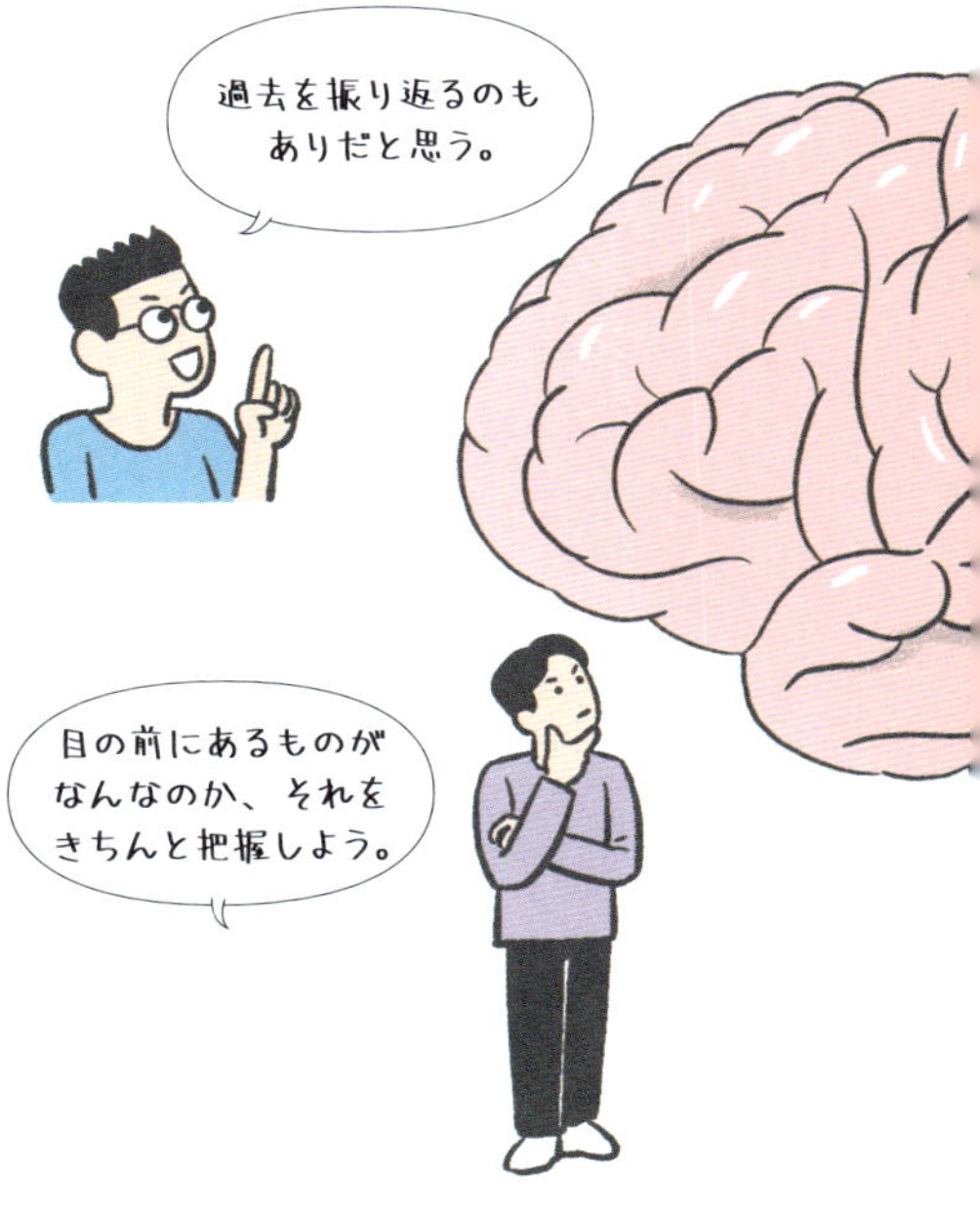
過去を振り返るのもありだと思う。
目の前にあるものがなんなのか、それをきちんと把握しよう。

大脳は、前・後・側面の4区分で異なる役割を担っている！

【前頭葉】は思考や意思決定の中枢

前頭葉は、**思考や計画、問題解決能力を支える中心的な部分**です。特に未来を見据えた計画に深く関与します。また、注意力や行動の制御、感情の調整も担当しているため、意思決定の中枢だと言えるでしょう。この領域が正常に働くことで、私たちは論理的に考え、自制心を持った行動が可能になります。

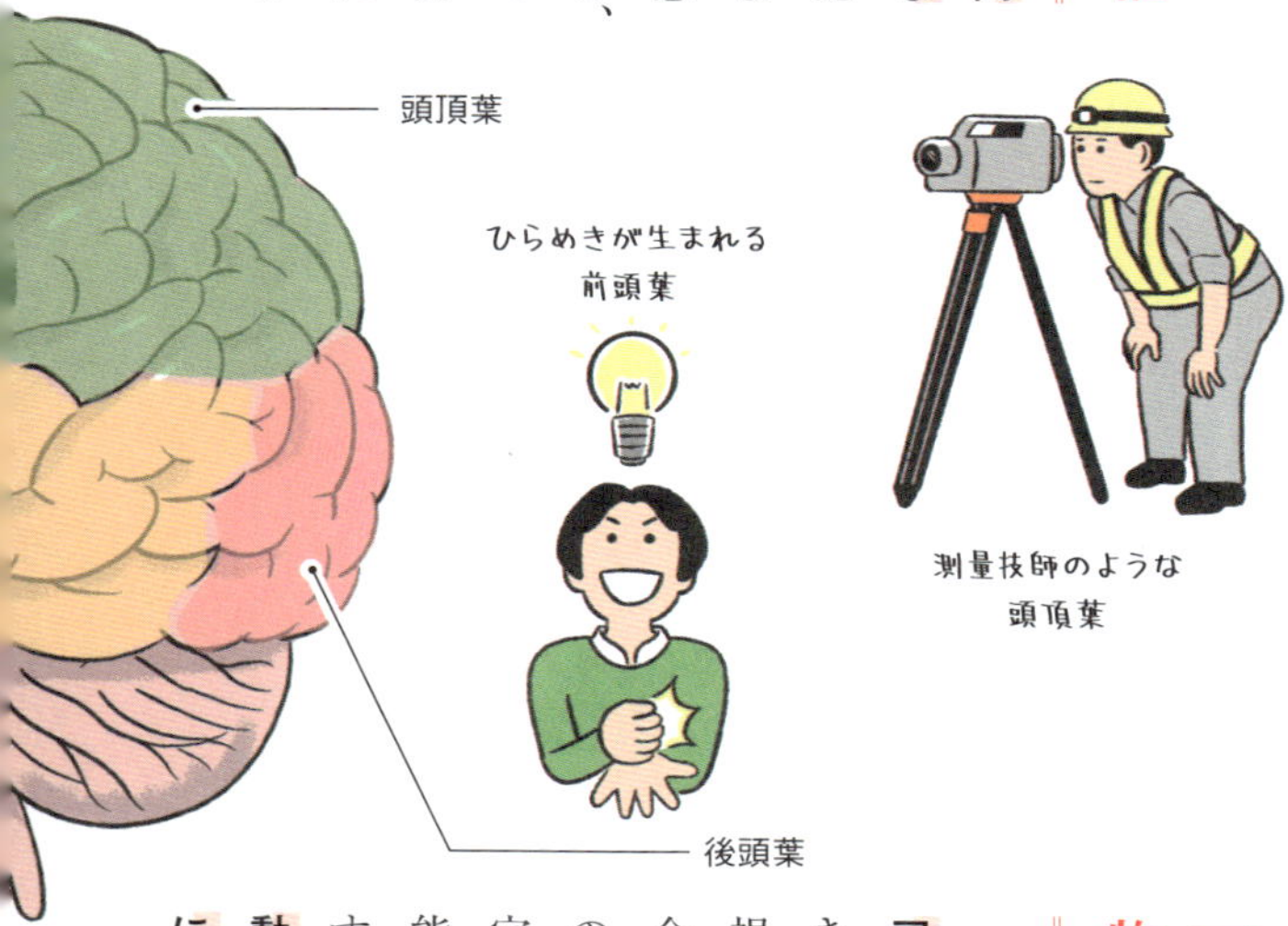
頭頂葉
ひらめきが生まれる
前頭葉
測量技師のような
頭頂葉
後頭葉

【頭頂葉】は物体や空間認知の中枢

頭頂葉は**触覚や空間認知を司る領域**で、物体の位置や動きを理解するための中枢です。視覚・聴覚や触覚の情報を統合し、体を適切に動かすための計画を立てます。また、文字を理解し、計算したりする能力もこの部分が支えています。**スポーツや手作業など、動きと認識を結びつける能力にとっても重要**です。

【側頭葉】は聴覚情報や記憶の中枢

側頭葉は主に**音声情報を処理し、記憶する領域です。特に言葉を聞いて理解したり、自分の考えを言葉にする際に重要な役割を果たします**。また、エピソード記憶（出来事の記憶）や意味記憶（知識の記憶）にも深く関与し、これらを脳内で整理・保存する働きがあります。音や言語だけでなく、一部の視覚情報も処理することで、言葉とイメージを結びつけることを可能にしていると考えられています。

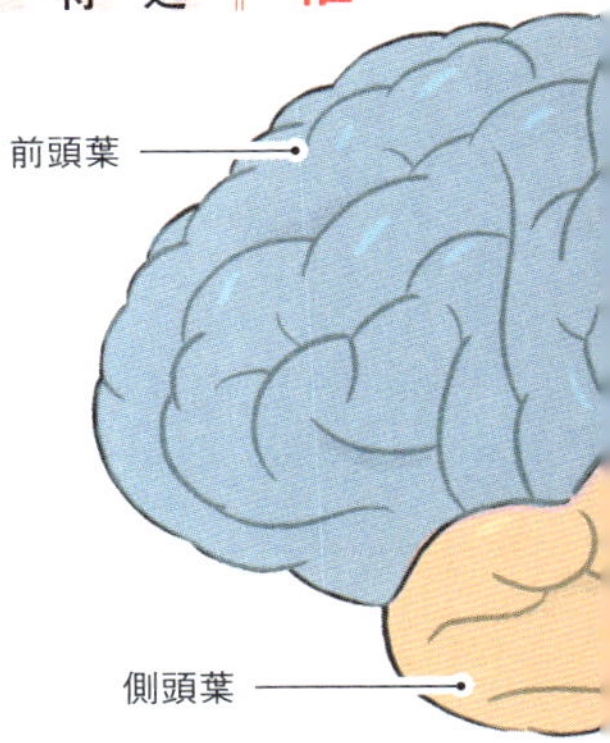

側頭葉は
言葉と記憶の司書

【後頭葉】は視覚情報の分析の中枢

後頭葉は**視覚情報の処理に特化した領域**で、網膜から送られる信号を受け取り、それを形や色、動きとして認識します。この部分が正常に働くことで、物の輪郭や色合いを正確に捉え、視覚的な世界を理解することができます。さらに、後頭葉で処理された情報は**他の領域と連携し、記憶や判断に役立てられます**。視覚認知の中枢として、私たちの生活に欠かせない役割を担っています。

Brain Science

大脳表面の皮質では情報の認知 皮質下の白質では効率的な情報伝達

神経線維で大脳を繋ぐネットワーク【白質】

大脳の皮質下にある**白質は、脳内の各部を繋ぐ神経線維の束が集まった部分**です。これにより、感覚の情報や運動の指令、思考プロセスが効率的に伝達されます。張り巡らされたネットワーク全体がスムーズに働くことで、**複雑な動作や高度な思考が可能になります。**

神経細胞の本体が集まる情報処理の要【皮質】

主に大脳の表面にある**皮質は神経細胞の本体が密集する領域。情報処理の中心地**となります。白質で伝達された情報がこの部分で統合され、私たちの思考や感情、行動が生まれます。脳の外層を形成する大脳皮質や、内側にある基底核（P.32）が主に皮質から構成されています。

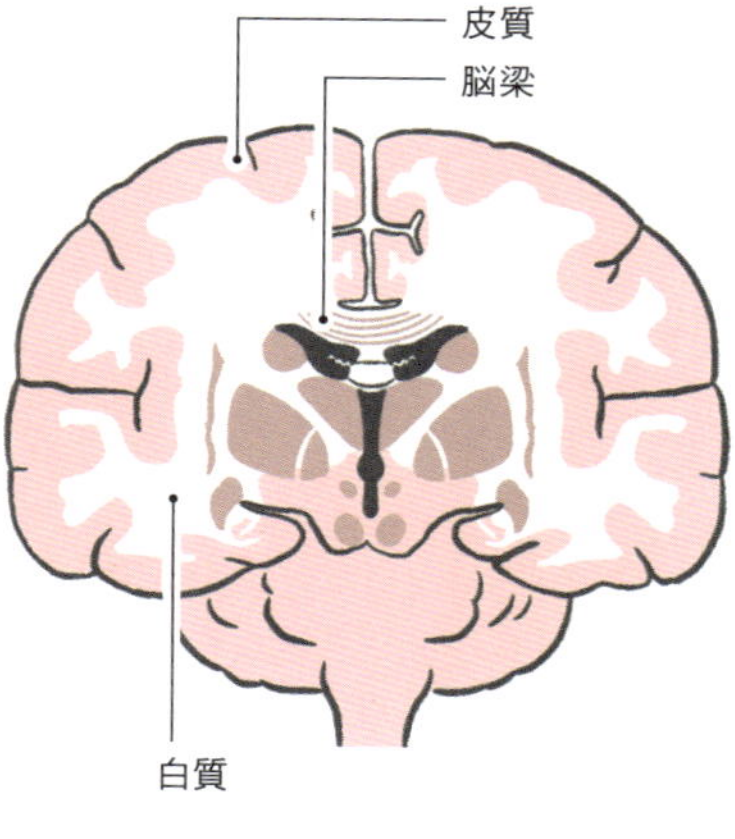

左右の脳を繋ぐ唯一の橋【脳梁】

　大脳は大きく右脳と左脳に分けられ、担う役割にも違いがあります。その異なる**二つの脳を繋いでいるのが、厚い神経線維の束である脳梁**です。

　左右の脳の情報を繋いでいるのはこの脳梁だけ。つまり、脳梁が正常に働くことで、左右の脳がひとまとまりになって働くことができています。**右脳と左脳がそれぞれ得意分野の情報を扱いながらも、互いに補完し合い、統合された情報処理を行っている**のです。

脳梁が分断されるとどうなるの?

左右の脳を唯一繋いでいる脳梁。当然分断されてしまえば、脳は正常に働くことができず、さまざまなエラーが発生する。その一方で、脳梁を分断しても一見健常に見える事例も存在する。 → P.127「脳を分断したら、左右差がわかった!」

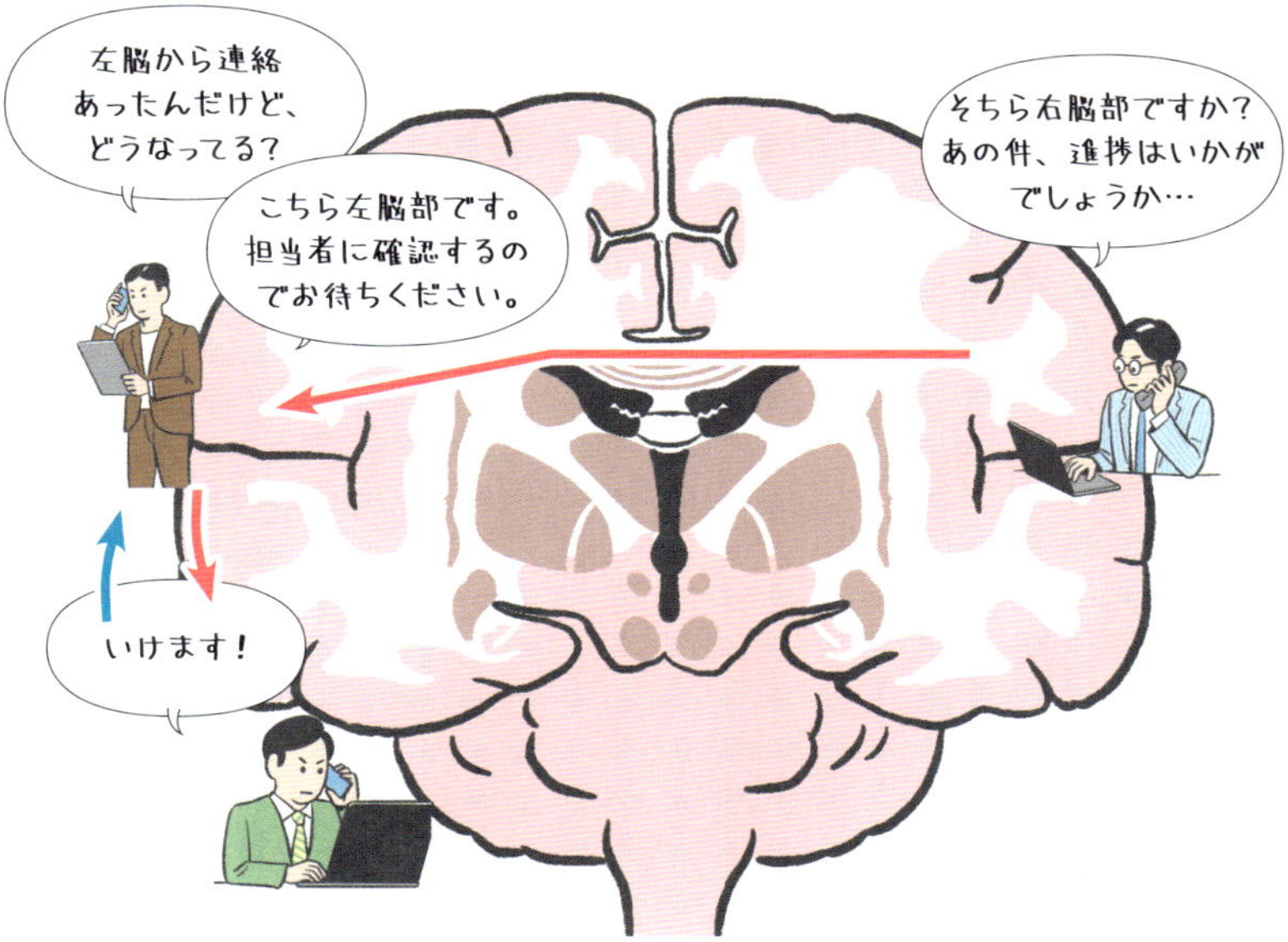

感情や記憶の中枢として働く大脳辺縁系

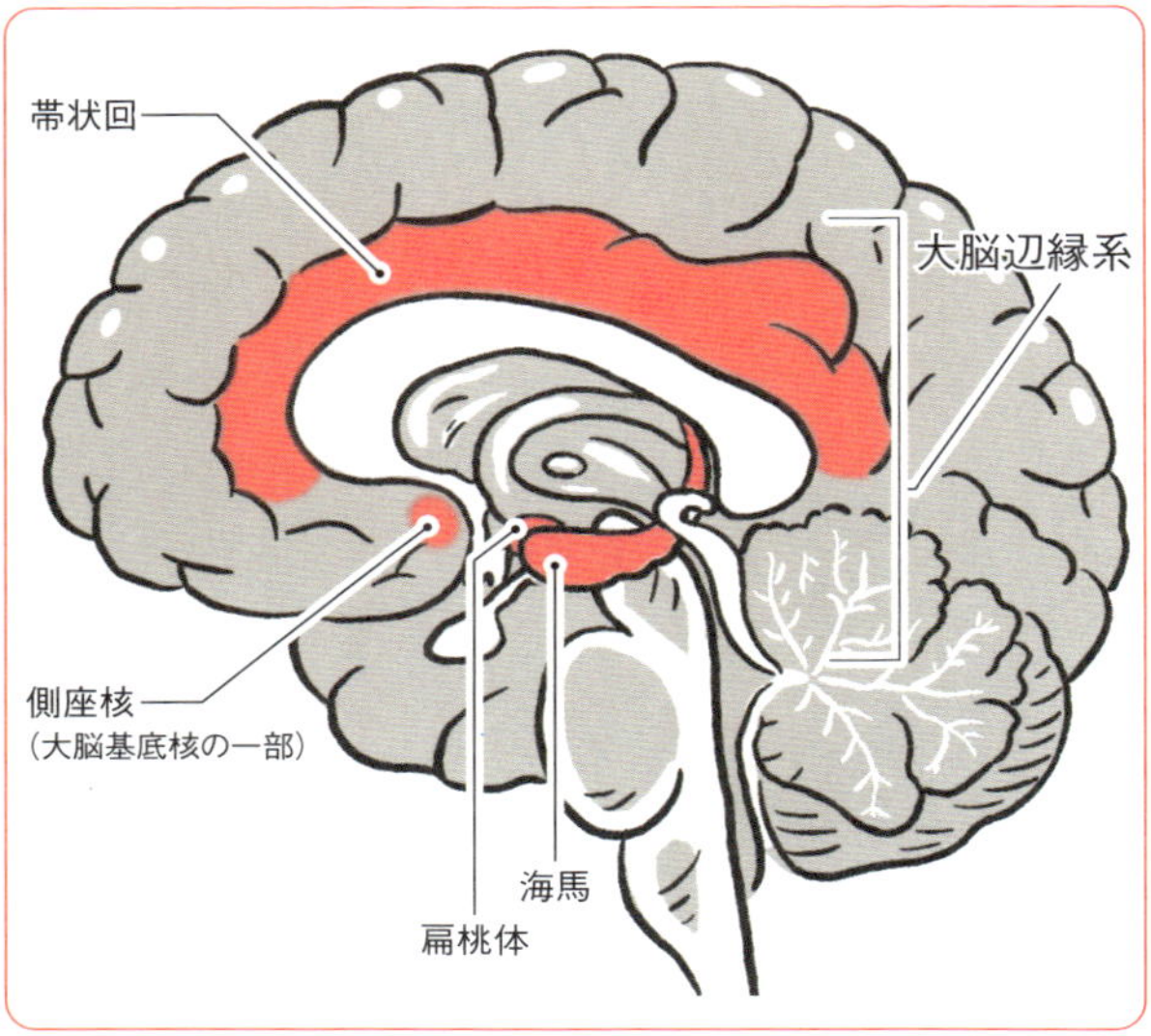
帯状回
大脳辺縁系
側座核
（大脳基底核の一部）
海馬
扁桃体

【大脳辺縁系】は生き物の振る舞いの進化を反映する

大脳辺縁系は、**記憶や感情、行動などの大脳の目的を側面から支える領域**の総称。海馬、帯状回、扁桃体、側座核などで構成されています。食欲や性欲、危険を避ける行動、他者への愛情など、生き抜くために必要な振る舞いを調整。さらに、**脳の他の部分と連携しながら、環境に柔軟に適応できるように促します**。

魚類の脳

大脳辺縁系は、魚類、両生類、爬虫類にも認められるが、ヒトの大脳は進化に伴い、高度に発達しています。

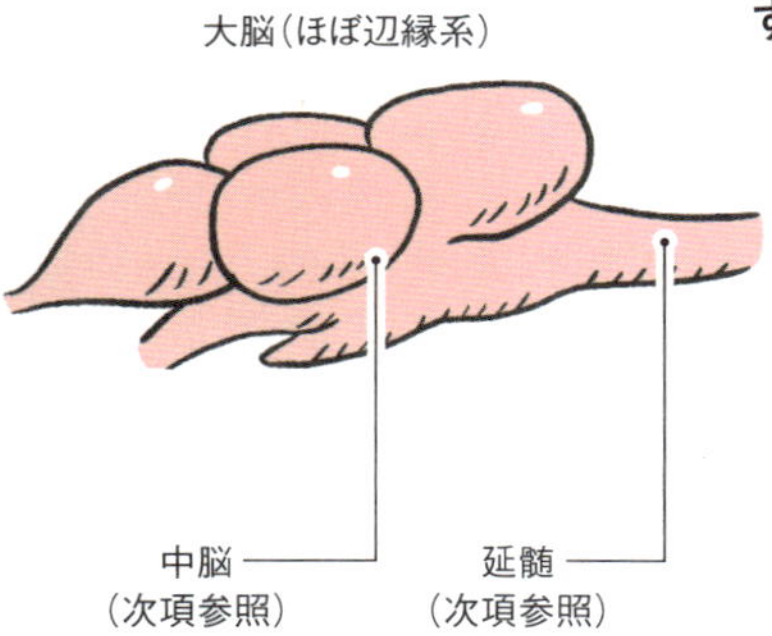
大脳（ほぼ辺縁系）
中脳
（次項参照）
延髄
（次項参照）

扁桃体
（本能的な感情）

扁桃体は本能的な感情を処理する中枢です。喜びや悲しみといった感情に加え、特に恐怖や怒りの感情を処理する能力に長けています。危険や脅威を察知することで、望ましくない状況に即座に反応する準備を整えるのです。

帯状回
（記憶と感情の連携）

帯状回は学習や記憶と感情を繋ぐ役割を果たします。特にストレスや不安に対する反応を記憶に結びつけ、今後の行動の指針となる動機付けを作ります。帯状回が働くことで、感情的な記憶を基にした適切な行動が可能になるのです。

帯状回と扁桃体は
プロの気分屋

側座核
（快楽と意欲）

側座核は脳の報酬系と呼ばれる回路の中心。達成感や快感を生むことで、生存に望ましい行動を促す働きをします。側座核が活性化されることで、目的を持続できて、目標を達成した際の喜びを感じ、新たな挑戦への意欲が引き出されます。

やる気を生み出す
ごほうび係の側座核

海馬
（記憶形成）

海馬は記憶を長期的に保存する上で重要な役割を担当。日々の経験や情報の中から重要か否かを判断し、長期的に残す記憶をふるいわけ、体系的に保存する役割を担います。また、場所と記憶を紐づけることで、空間認識やナビゲーション能力も支えていると考えられています。

記憶の仕分け士
海馬

生命維持と本能・欲求を司る脳幹

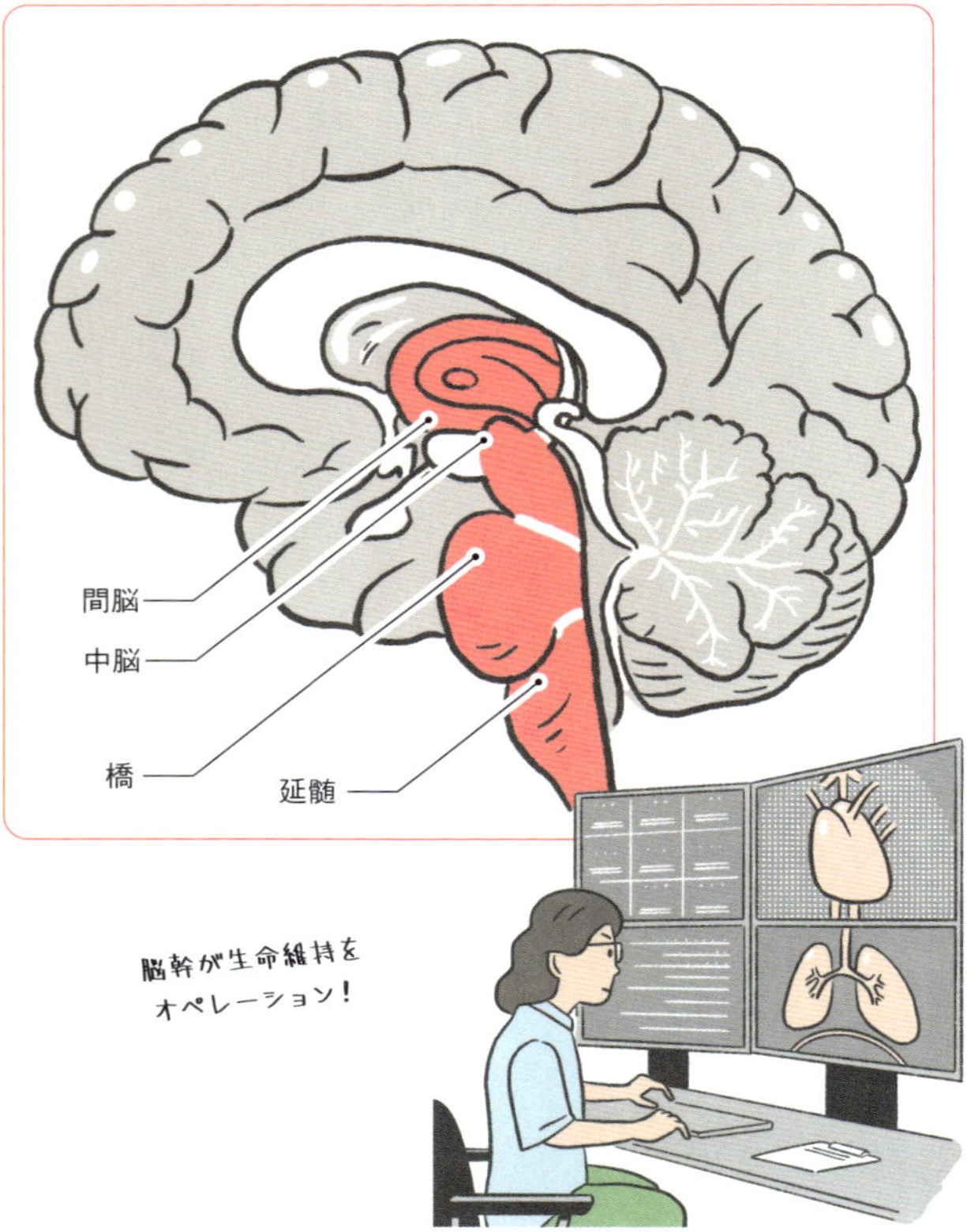
間脳
中脳
橋
延髄
脳幹が生命維持を
オペレーション！

【脳幹】の全体は生命の基幹システム

脳幹は脳の最も根幹的な部分で、**生命維持に欠かせない機能を司ります**。間脳、中脳、橋、延髄などで構成され、心拍や呼吸、血圧、体温調節など、意識しなくても働き続ける重要なプロセスのほとんどを制御しているのです。

脳の他の部位や体からの神経信号の中継点としても機能しているほか、覚醒状態を保ち、脳の活動レベルを調整します。まさに、**生命維持のすべてがここに詰まっています**。

間脳
（恒常性）

間脳を構成するのは、感覚情報を整理して大脳に送る「視床（P.33）」と、自律神経を通じて体温、食欲、睡眠、ホルモン分泌などを調整する「視床下部」。ホメオスタシス（体内の恒常性）を維持する重要な役割を果たしています。

中脳
（運動の中枢）

中脳は姿勢や筋肉の緊張を調整する働きがあり、動作のスムーズさを支える重要な役割を担っています。また、視覚や聴覚の反射を統合し、素早く適切な行動を取るための基盤も担います。たとえば、突然の音に反応して振り向く動作や、目の前の危険を回避する行動は中脳の制御によるものです。

順風満帆な生活は
正常な間脳ありき

ある意味、中脳は
ヨガの要と言えるかも

延髄
（自律神経の統治）

延髄は呼吸や心拍、血圧を直接的に調節する自律神経の中心。嚥下や咳、くしゃみ、嘔吐といった反射行動も制御しています。スパイ映画などに見られる、「首の後ろをトン」と手刀で打ち付ける行為は、まさにこの機能にダメージを与える必殺技というわけです。

橋
（情報の中継）

中脳と延髄の間に位置しており、小脳と大脳を繋ぐ役割を持っています。三叉神経、顔面神経、内耳神経などの脳神経の核があり、顔の感覚や表情の制御、聴覚・平衡感覚などに関係します。また、呼吸や睡眠・覚醒の調整にも関与した、自律神経を支える重要部位でもあります。

自律神経の手綱は
延髄が握っている！

ホルモンを分泌する視床の下に位置する下垂体

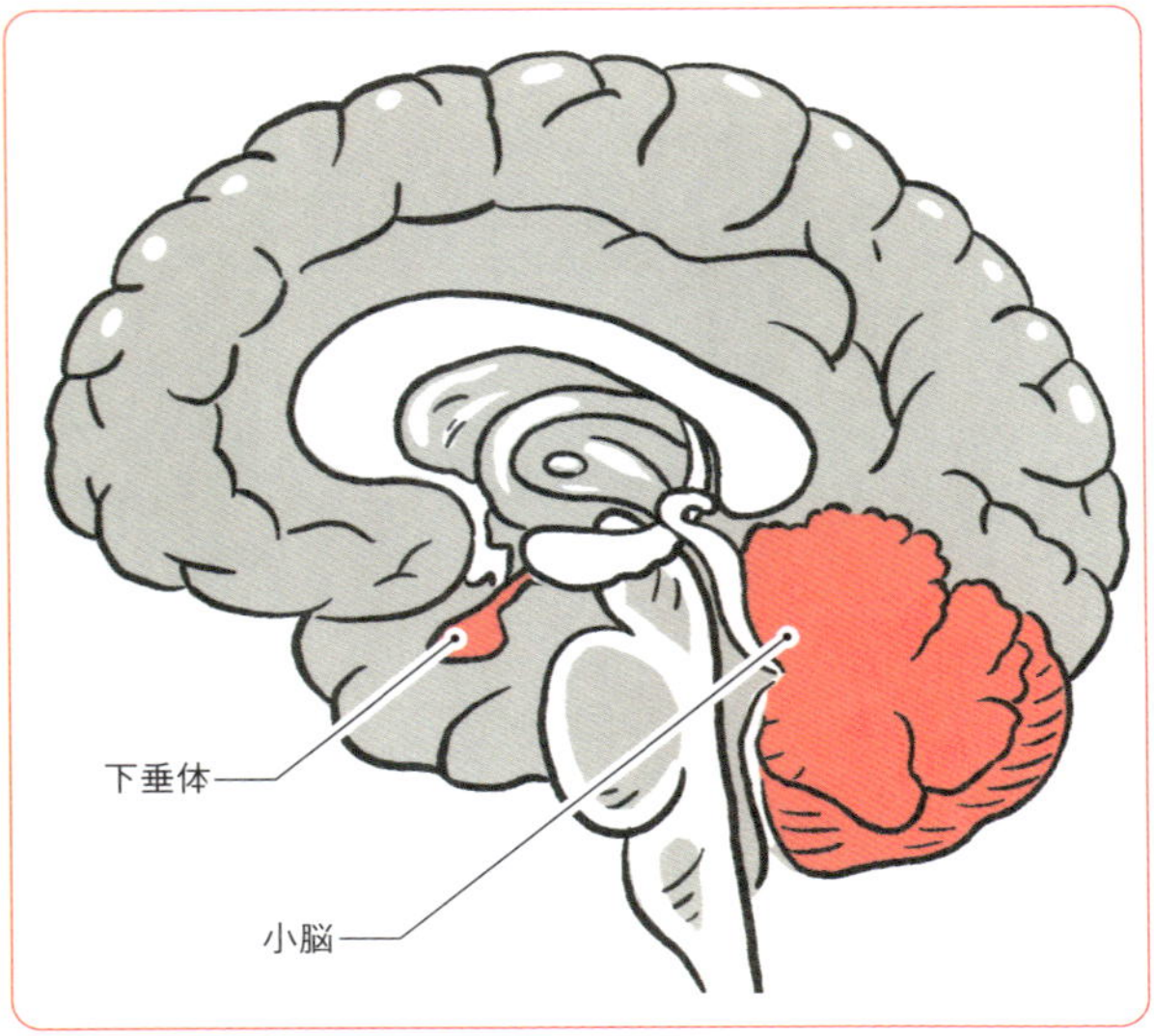
下垂体
小脳

成長も繁殖も取り仕切る
“ライフライン”

ホルモン分泌の一丁目【下垂体】

視床の下に位置する下垂体は、**さまざまなホルモンの元栓のような役割**。成長ホルモン、甲状腺ホルモン、性ホルモン、利尿ホルモンなど、多くのホルモンの分泌を制御し、体の成長や代謝、ストレス反応、繁殖能力など、幅広い生理機能を司ります。

感じる、動くなどの学習を支えて記憶する小脳

運動の手順を記憶し動きの微調整を行う【小脳】

後頭葉の下に隠れるように位置する小脳は、**体のバランスや動きを調整したり、記憶をサポートしたりする部位**です。筋肉や体の傾き、視覚などの情報を取りまとめて延髄と連携し、歩行などの動作を滑らかに実行する調整も行います。

特に、繰り返し練習することで動作が上達する、スポーツや楽器演奏のような動作の習得や記憶にも大きく関与。いつでも必要な動きを再現できるよう、手順を細かく記憶させます。

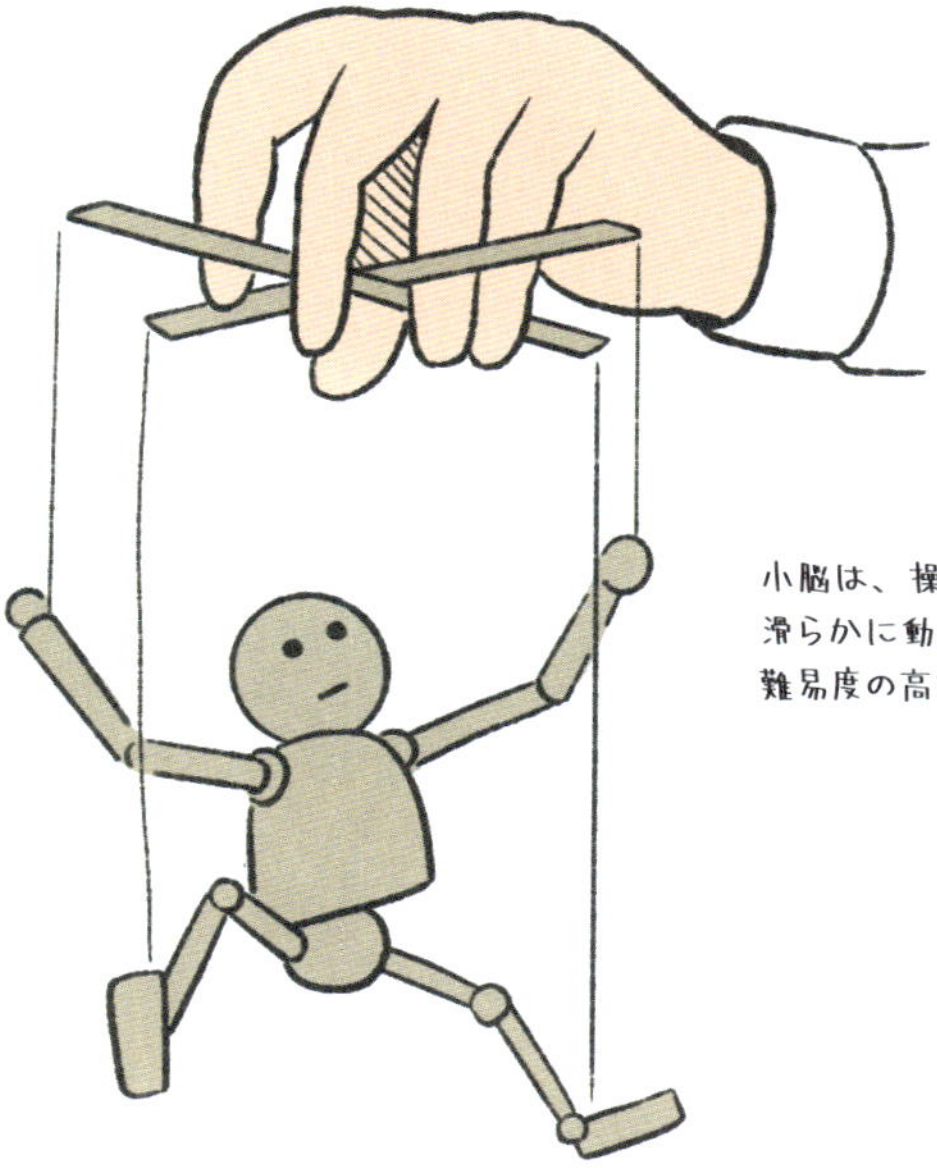

小脳は、操り人形を
滑らかに動かすような
難易度の高い制御を行う場所

その他の重要部位
大脳基底核、松果体、視床

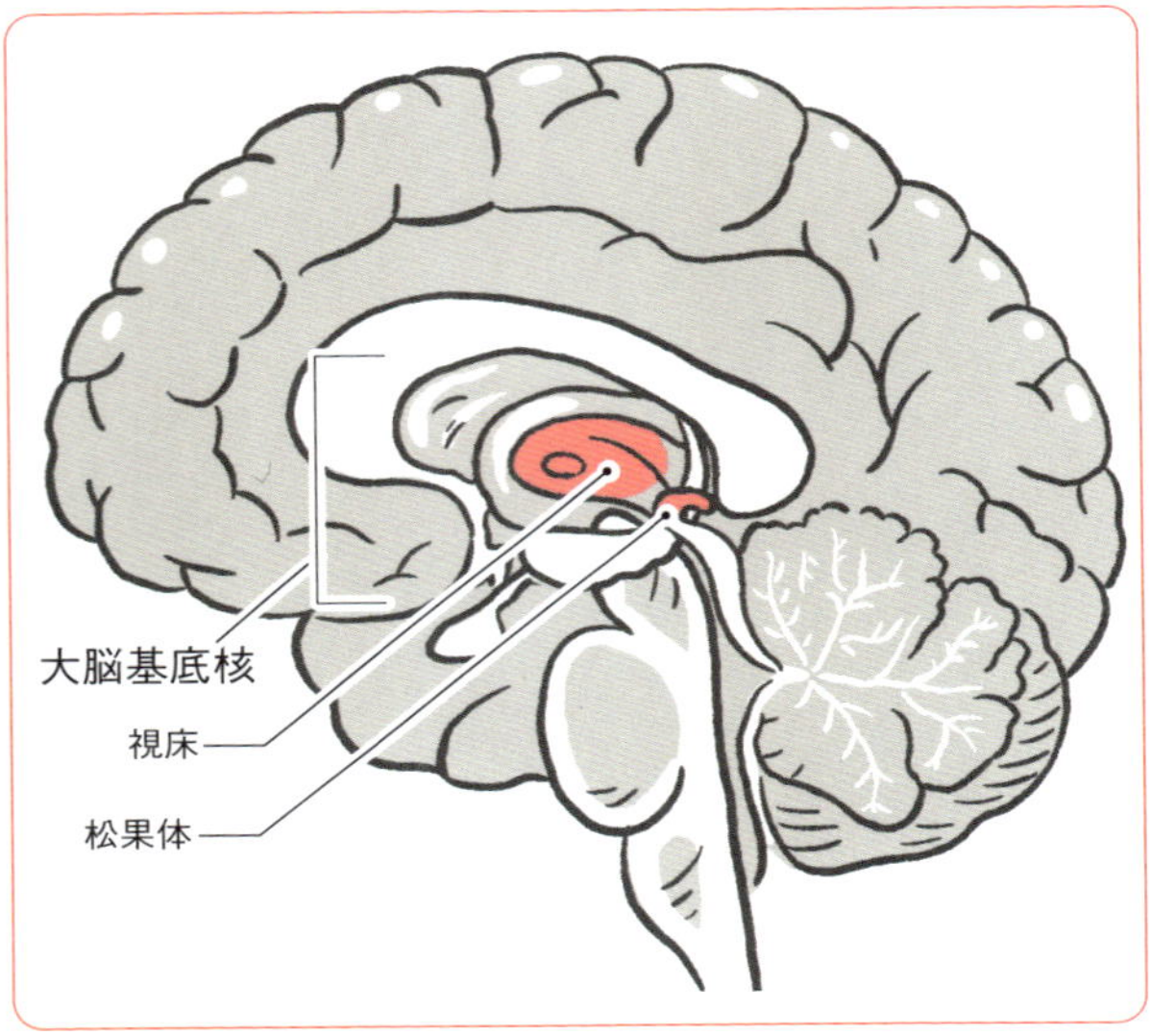

運動と行動の調整【大脳基底核】

大脳皮質深部の神経の集合で、**運動制御や学習、動機づけに関与**。特に**不随意運動を抑えて、スムーズな動きを可能にする重要な役割**を持っています。その他、習慣の形成や※情動の調整などにも関わっていることが知られています。

※怒りや恐怖、不安など、本能的で激しい心の動き。

朝日を浴びると
目が覚めるのは
松果体のおかげ

睡眠リズムを調整する【松果体】

脳のほぼ中心に位置する松果体は、長らく神秘の存在とされていましたが、主要な役割は**睡眠リズムを調整するメラトニン（ホルモンの一種）を産生、分泌する体内時計**です。日光をトリガーに分泌の量を変えて、夜に眠くなり、朝に目が覚める仕組みを動かしています。

松果体は神秘の部位？

松果体は脳の中心（間脳の一部である視床の左右の間：視床の一部）にあり、左右対称の他の部位とは異なって単独で存在しています。そのため、宗教的伝統では、魂の座、または第３の目に対応した部位と考えられていました。現在では、強力な幻覚性成分である「DMT （ジメチルトリプタミン）」が脳内からごく微量に検出されたことから、松果体との関連性も指摘され、夢や臨死体験などと関連づけられることがあります。

脳の情報リレーセンター【視床】

間脳の一部である視床は、大脳皮質への感覚情報の中継を担います。**視覚、聴覚、触覚、痛覚などの感覚情報を整理・統合し、大脳皮質の適切な領域へ伝達**。また、大脳基底核や小脳とも連携し、運動制御にも関わっているほか、覚醒状態や感覚の調整にも関わっているため、損傷すると意識障害や感覚障害を引き起こす可能性も。

情報を伝えるネットワーク
ニューロンとシナプス

受信部と送信部でできているニューロン

ニューロン1つごとに情報を送信する軸索端末と、情報を受信する樹状突起を備える。

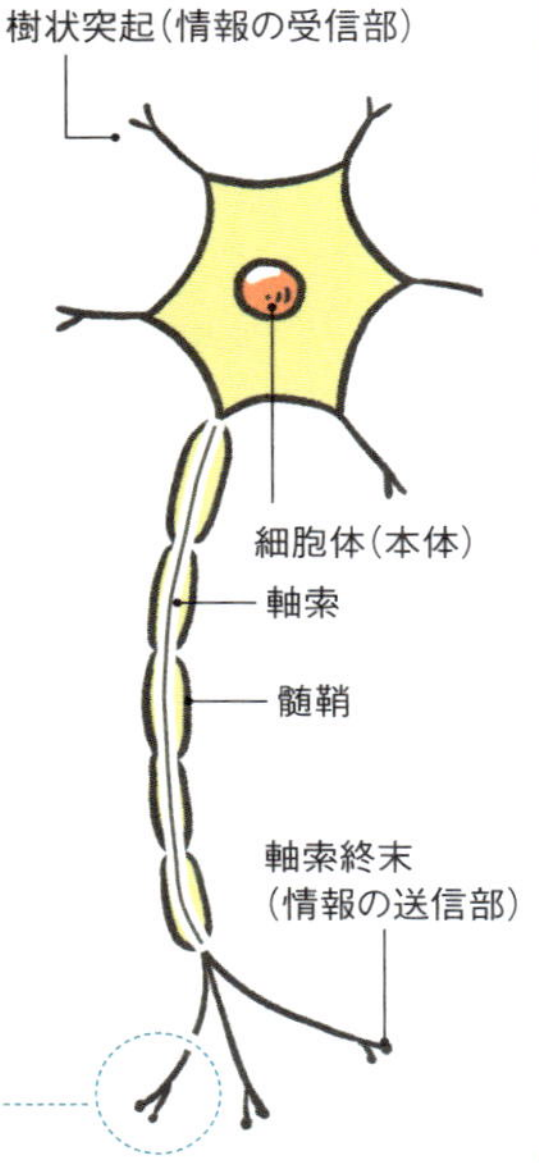
樹状突起（情報の受信部）
細胞体（本体）
軸索
髄鞘
軸索終末
（情報の送信部）

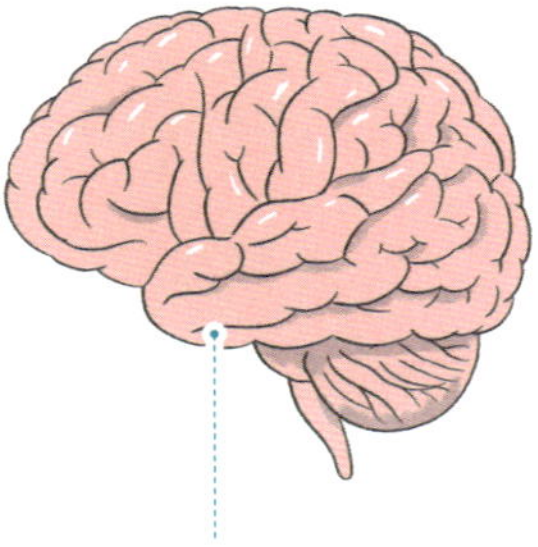

脳内にはニューロンが張り巡らされている

ヒトの大脳新皮質には160億以上ものニューロンがネットワークを形成している。

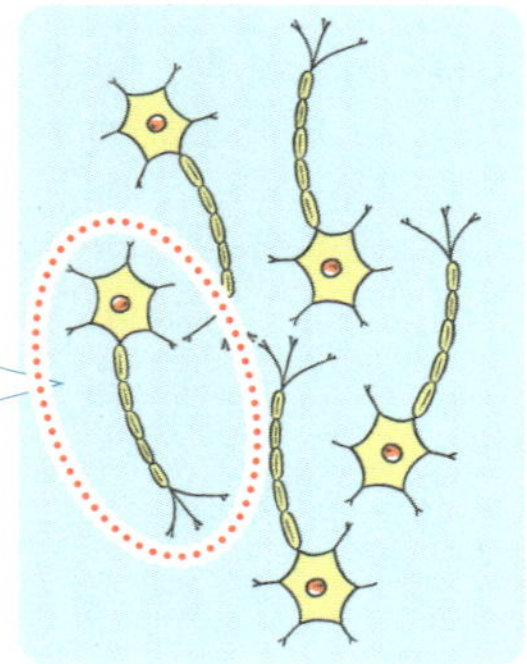

神経伝達のネットワーク【ニューロン】

ニューロンは神経系を構成する細胞で、**情報を電気信号と化学信号として伝える役割**を果たします。樹状突起で他のニューロンから神経伝達物質を受け取り、細胞体で処理。髄鞘で覆われている軸索を通じて信号を送り、軸索の終末から次のニューロンへと情報を送信します。ニューロンは、脳や脊髄から体中の筋肉や臓器まで広がる複雑な仕組みを制御して、**思考や感情、運動制御の基盤を形成**します。

ニューロン同士の繋ぎ目は
情報伝達の送受信器官になっている

ニューロン同士は、樹状突起と軸索終末で繋がっている。その繋ぎ目に当たる場所は「シナプス」と呼ばれ、神経伝達物質による情報の送受信が行われている。

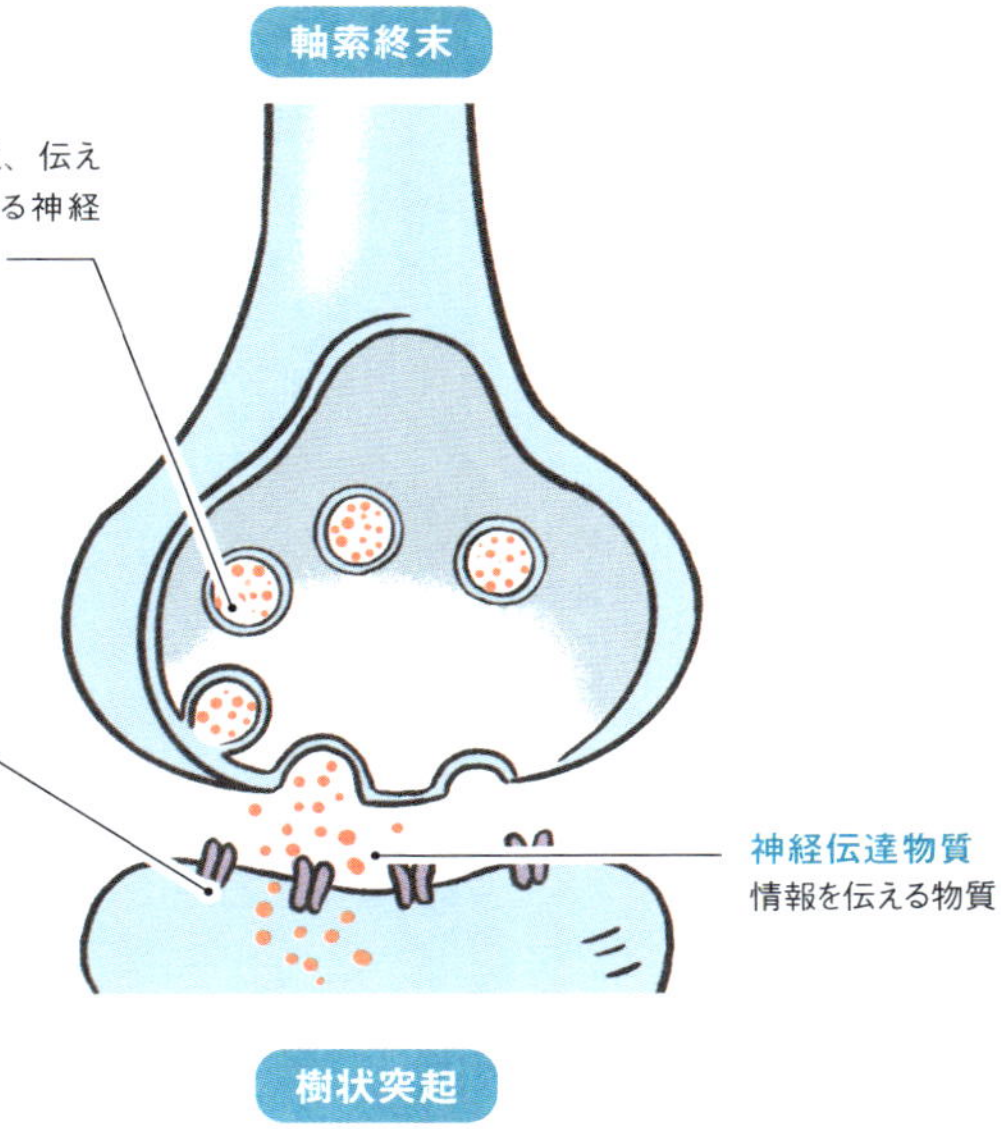
軸索終末
シナプス小胞
神経伝達物質を蓄え、伝える情報によって異なる神経伝達物質を放出する
受容体
神経伝達物質を受け取る部位
神経伝達物質
情報を伝える物質
樹状突起

情報の送受信の半導体【シナプス】

シナプスは**ニューロン間やニューロンと他の細胞間との接合部**のことで、機械の半導体のようなもの。ここで神経伝達物質がやり取りされることで、情報が伝達されます。

シナプスは、大きく分けて、信号を活性化する「興奮性」と、信号を抑制する「抑制性」の2種類を伝達します。さらに、**さまざまな神経伝達物質を組み合わせることで、複雑かつ精密な情報処理を可能にしている**のです。

情報の種類に応じた専用信号となる神経伝達物質

ドーパミン

ドーパミンは「達成感」や「快感」を感じさせる神経伝達物質です。幸福感を調整することで、生命活動の意欲を促します。依存症にも関与しています。

ヒスタミン

睡眠や覚醒、食欲、免疫反応に関わる神経伝達物質です。特にアレルギー反応や胃酸分泌の調整にも関与し、身体の恒常性を維持する役割を担っています。

グルタミン酸

グルタミン酸は脳で一番多いアミノ酸で、興奮性神経伝達物質です。学習や記憶に重要で、シナプスの強化を支えます。ただし、過剰になると神経細胞の損傷を引き起こす可能性があります。

アセチルコリン

記憶や学習、筋肉の動きに深く関わります。特に神経と筋肉の接続部で働き、体を動かす指令を送ります。不足すると認知症の原因になることがあります。

時に専用回線で使われる情報伝達の鍵

神経伝達物質は、**ニューロン同士が情報をやり取りする際の「通信手段」として働く物質**です。ニューロンの繋ぎ目であるシナプスの隙間を通じて神経伝達物質が情報をやり取りすることで、ニューロン間の連携が生まれ、私たちの生活に不可欠な脳の機能が支えられています。

多くのニューロンは、特定の神経伝達物質を通信手段として利用します。つまり、神経回路ごとに神経伝達物質の

さまざまな神経伝達物質の例

ノルアドレナリン

注意力や警戒心を高め、集中力を維持する役割を果たします。ストレスに対する反応としても分泌されますが、アドレナリンとは異なり、脳内での分泌量も多いため、精神作用が大きい。バランスが崩れると精神疾患の原因になることも。

アドレナリン

ストレスや緊急事態の際に分泌。心拍数や血圧を上げたり、血流を筋肉に集中させたりする役割も担い、体を即座に動かせる「闘争または逃走」モードへと切り替えます。副腎皮質からの分泌が多く、脳内での作用はわずか。

GABA

脳内の主な抑制性神経伝達物質で、リラックス状態に関与。過剰な神経活動を鎮め、興奮を抑えて心を落ち着ける働きをします。不足すると、不安や過剰興奮の原因になり、ストレスへの反応が悪化する可能性があります。

セロトニン

気分や感情の安定に深く関与することから、「幸せホルモン」とも呼ばれます。そうした幸福感の向上に加え、体内時計の調整機能も兼ねています。そのため、セロトニンが不足すると、うつ病や不安症の原因となることがあります。

専用回線でやり取りされるのです。たとえば、ドーパミンニューロンはドーパミンの専用回線。報酬や快感の信号を伝える役割だけを担います。

ただし、あくまでそれは基本的な仕組みで、多くのニューロンは複数の神経伝達物質を同時に扱うことが可能。これにより、1つのニューロンが複数の信号を統合し、複雑な情報処理を実現します。**この仕組みのおかげで、私たちの脳は単純な反射行動だけでなく、高度な思考や感情表現、記憶形成を可能にしているのです。**

脳は頭の中で浮いている！脳脊髄液の液体クッション

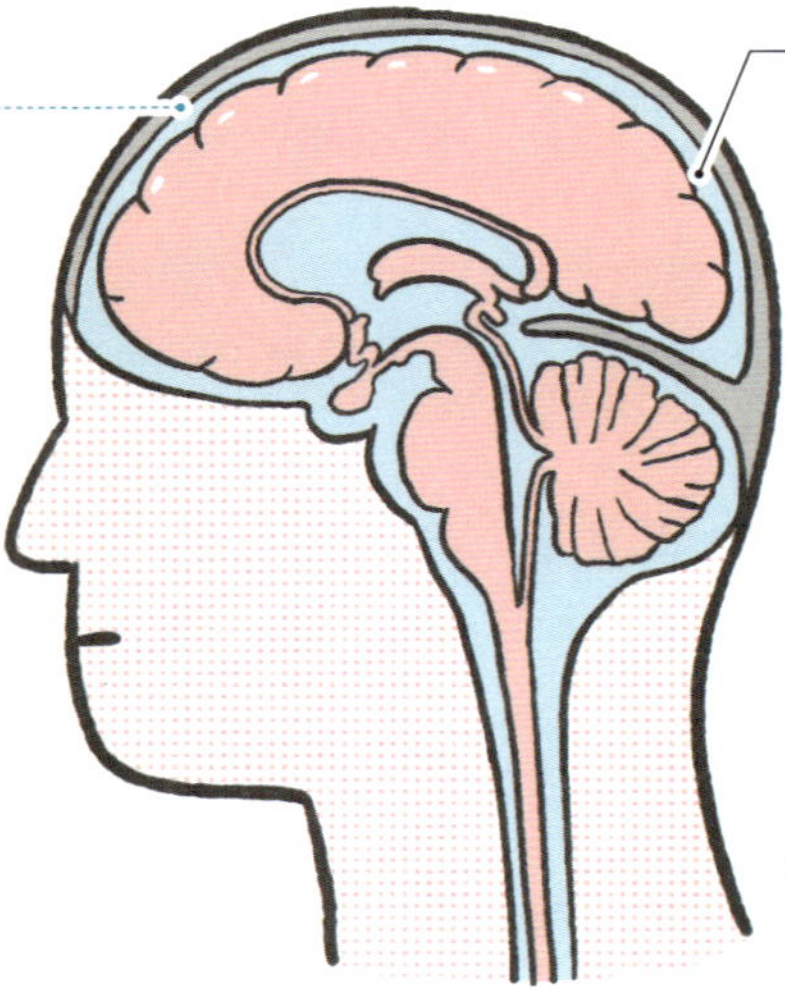

脳脊髄液は脳内の「脳室」と呼ばれる空洞で生成され、脳と脊髄を巡った後、血液に再吸収されるという循環を繰り返します。

豆腐くらいの柔らかさの脳が液体で守られているのは、豆腐の容器の隙間が水で満たされているのと同じ。

豆腐くらい脆い脳は多重の防壁で守られる

脳は非常にデリケートで、成人の脳は木綿豆腐くらいの硬さしかありません。そのままではわずかな衝撃や圧力でも損傷を受けてしまいます。そのため、**頭蓋骨の内側で多層の保護システムに包まれています**。まず、脳を守るのは3層の膜。硬膜は強固な構造を持ち、頭蓋骨と密接に接して脳を外部からの物理的な衝撃や圧力から守ります。一方、くも膜と軟膜の間には「くも膜下腔」という空間があり、

衝撃に弱い脳は液体のクッションに包まれて守られている

くも膜と軟膜の間の隙間「くも膜下腔」は、脳脊髄液という液体で満たされています。脳脊髄液は、衝撃を和らげる機能のほか、浮力によって脳の重量を減少させ、周囲の組織への負担を減らす作用を持っています。さらに、温度変化の緩和や脳の老廃物の処理も担うなど、さまざまなリスクから脳を守っているのです。

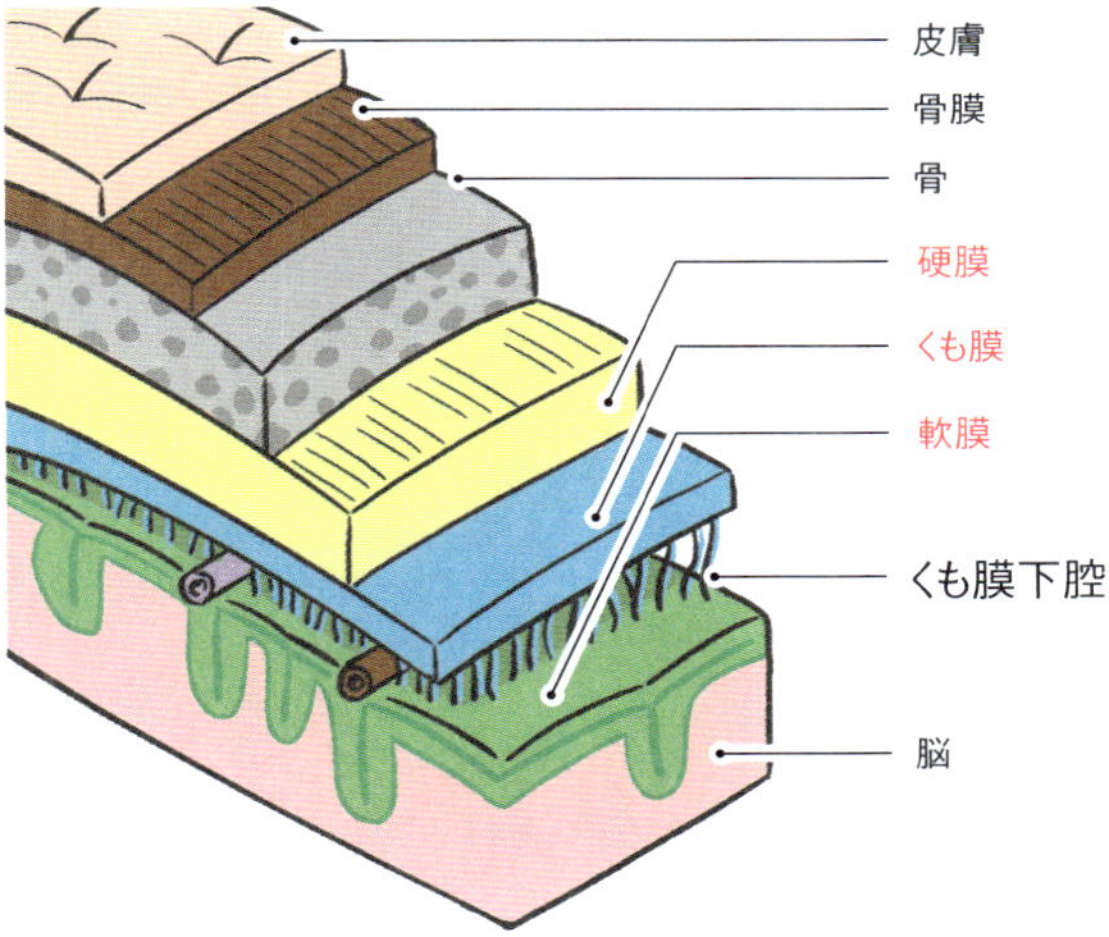

ここを脳脊髄液が満たしています。脳脊髄液は、脳を液体の中に浮かせるような役割を果たし、「液体のクッション」により、頭への衝撃が直接脳に伝わることを防いでいるのです。また、脳脊髄液の浮力により、脳の重量が軽減され、組織や血管への負担を減少させています。

これらの構造と液体の保護システムが一体となることで、私たちは頭を激しく動かしたり、衝撃を受けたりしても脳に重大な影響を与えることなく安全に日常生活を送ることができています。

PART 1

脳はすごい

CHAPTER 2

担当領域が広すぎてすごい

この章でわかること

脳が担当している
生命活動の幅広さ

前 CHAPTER で紹介したように、 脳はパーツごとに専門的な機能を担っています。 改めて俯瞰して見てみると、 その担当領域の広さに驚くでしょう。 この CHAPTER では、 機能の面から脳がどのように働いているかを解説していきます。

基本的な生命維持に
果たす役割

脳が担っている役割は多岐にわたりますが、 大きく 2 つに分けたうちの1つが、 呼吸などの 「基本的な生命維持」 です。 脳のさまざまなパーツ同士、 あるいは脳が体のほかの臓器とどのように連携して命を維持しているのか見ていきます。

記憶や感情など
人間らしさを支える役割

大きく 2 分した脳の役割のうちのもう1つは、 記憶や感情などの機能。 「人間らしさ」 にかかわる脳の働きです。 それらも突き詰めると、 脳内の情報伝達が生み出したものにすぎませんが、 だからこそ、 この複雑な人間性に改めて神秘性を感じられます。

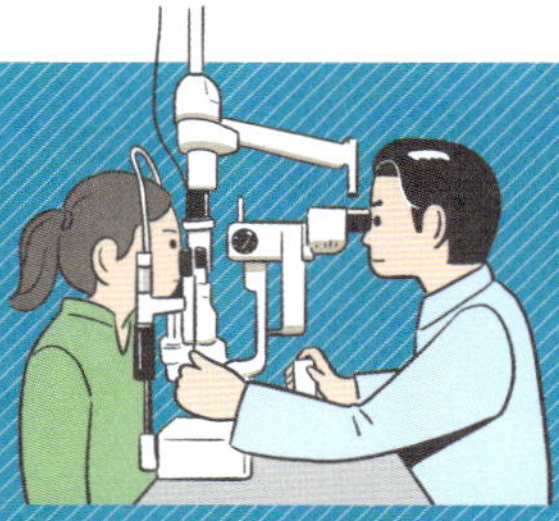

Brain Science

脳の担当領域は広大である！生命活動のほとんどを担う脳

脳の活動は多岐にわたり、生命活動の中心的な役割を果たしています。

脳がやっていないことを数える方が早い

大脳は記憶や感情、思考の中心となり、小脳は運動の調整、脳幹は呼吸や心拍といった無意識の生命活動を制御しています。**脳は全身のあらゆる部位と相互に連携して**、生命維持と環境適応のための**あらゆる情報処理と体の制御を行っている**のです。

脳内の主な活動

- 知覚（感覚器からの情報処理）
- 意識や思考
- 記憶
- 感情や情動
- 各種ホルモンの制御

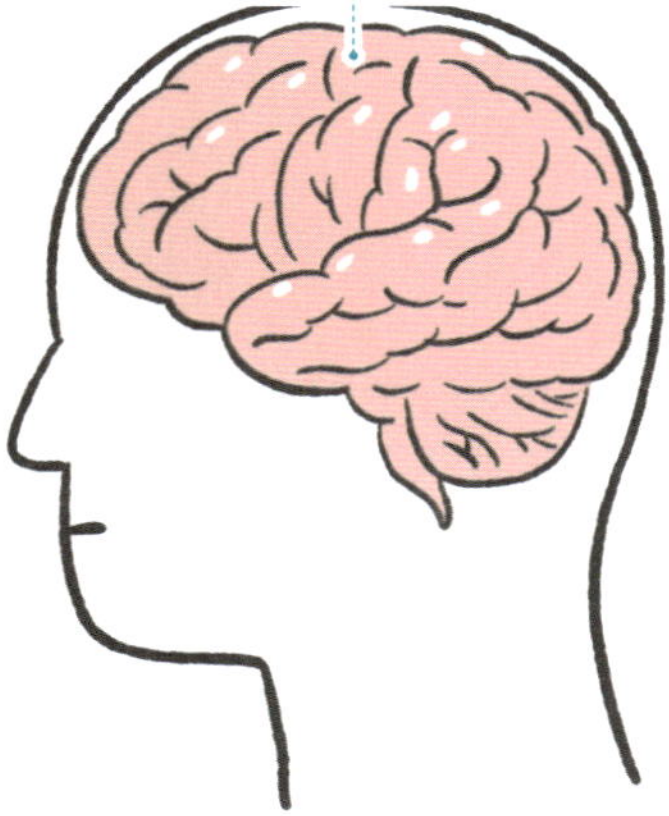

全身の主な活動

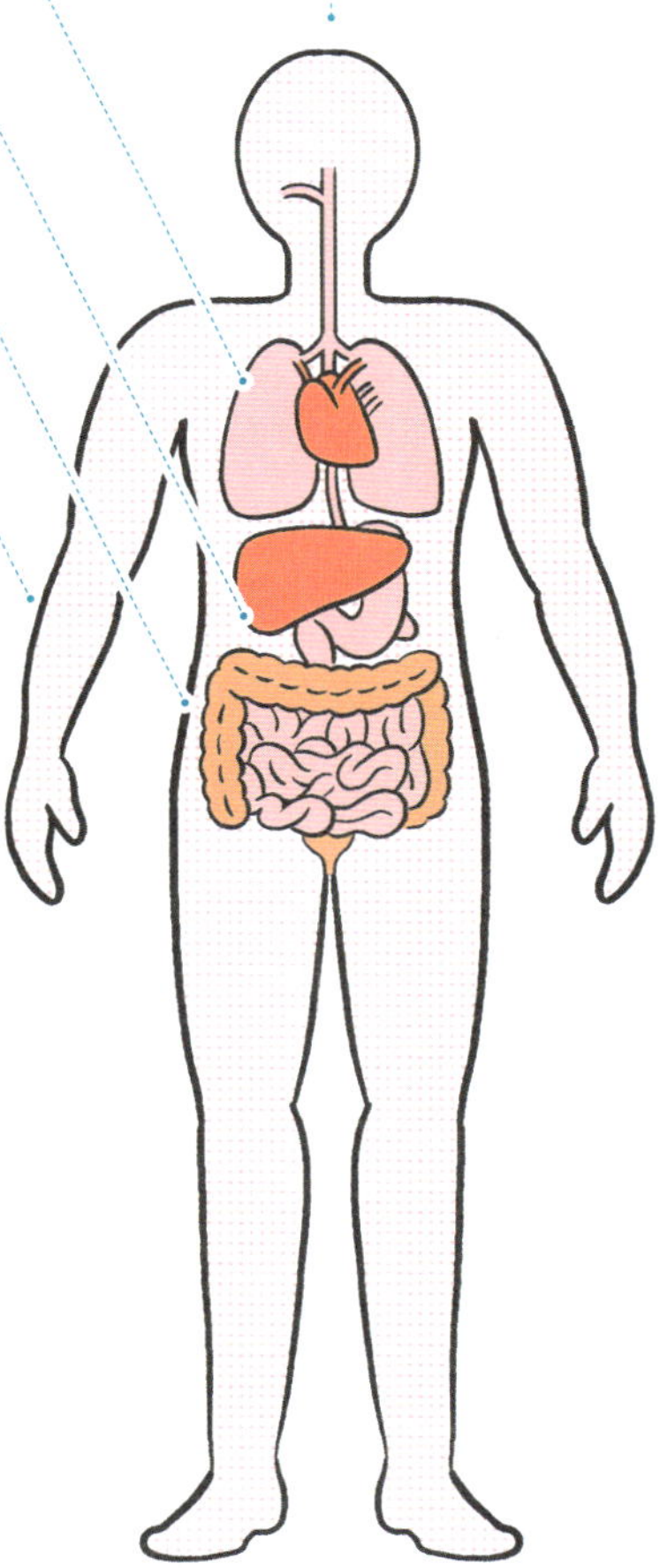

・循環器の制御
・内臓感覚
・深部の感覚
・消化器の制御
・位置感覚
・触覚
・全身の皮膚感覚
・全身の筋肉の制御
・視覚
・聴覚
・味覚
・嗅覚
・平衡覚

脳が関与しないこと

たとえば、膝を叩いた時に脚が跳ねる膝蓋腱反射は、脳を経由せずに脊髄で処理されます。また、細胞分裂は体内の各細胞が独自に行うプロセスで、脳が直接関与することはありません。このような例は、脳の膨大な役割の範囲外にある活動と言えます。

生命維持の鍵は体の安全を恒常的に保つこと

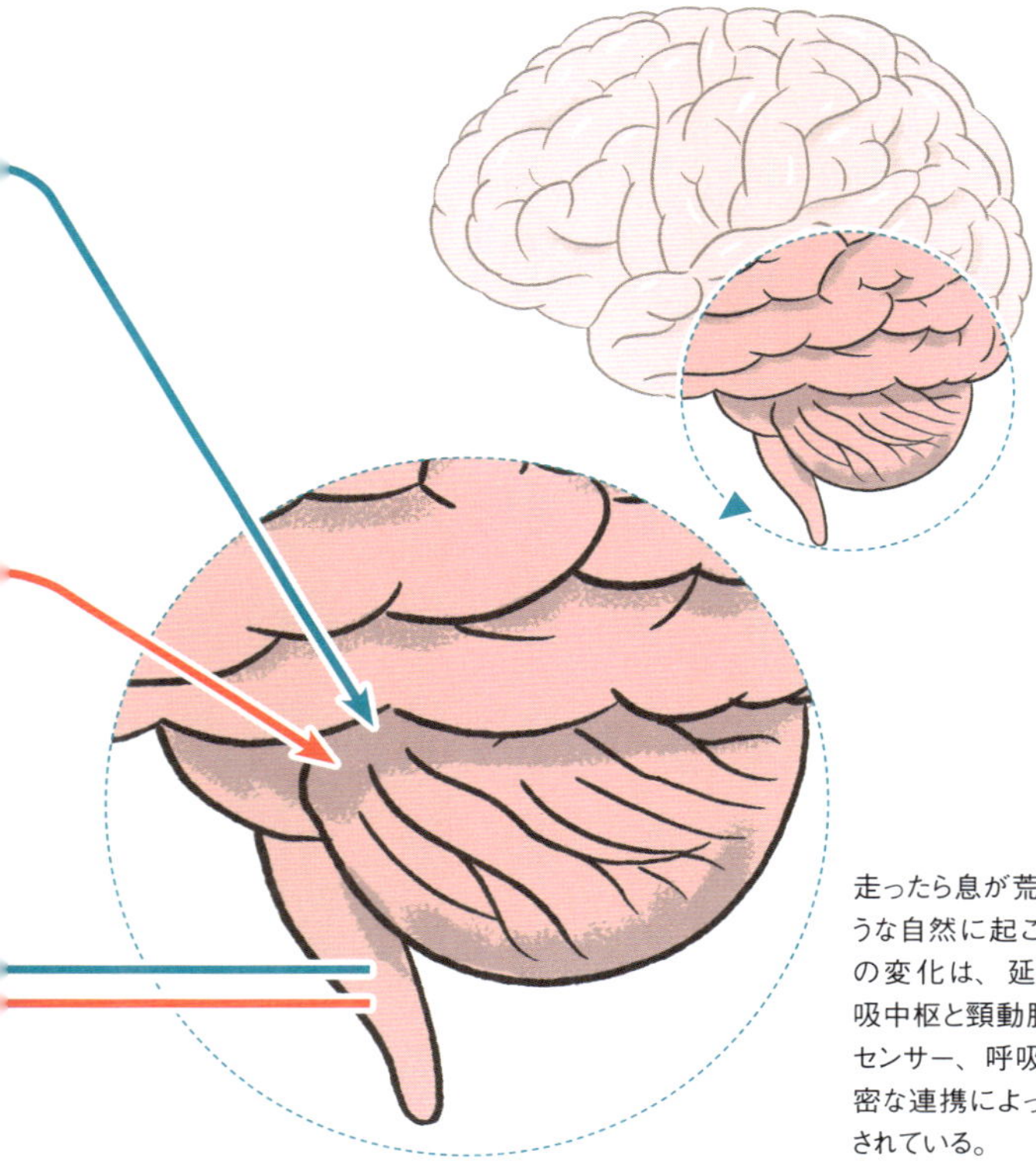

走ったら息が荒くなるような自然に起こる呼吸の変化は、延髄の呼吸中枢と頸動脈にあるセンサー、呼吸筋の綿密な連携によって制御されている。

臓器や組織と連携したフィードバック式制御

呼吸や血流などの循環器、消化・吸収を行う消化器、そして体温調節やホルモンバランスなど、**生命維持の基本的な機能の多くは脳が制御**しています。**脳は各臓器や組織から送られる情報をもとに、瞬時に適切な指示を出し**、変化した体の状態も脳にフィードバックされ、細かな調整が続けられます。このように、できるだけ体が生命活動を維持できるように状態が保たれるようにしているのです。

フィードバックによる制御の例（呼吸）

呼吸筋が収縮し、
呼吸が誘発される。

頸動脈にあるセンサーが血中の酸素濃度の上昇と二酸化炭素濃度の低下を感知。

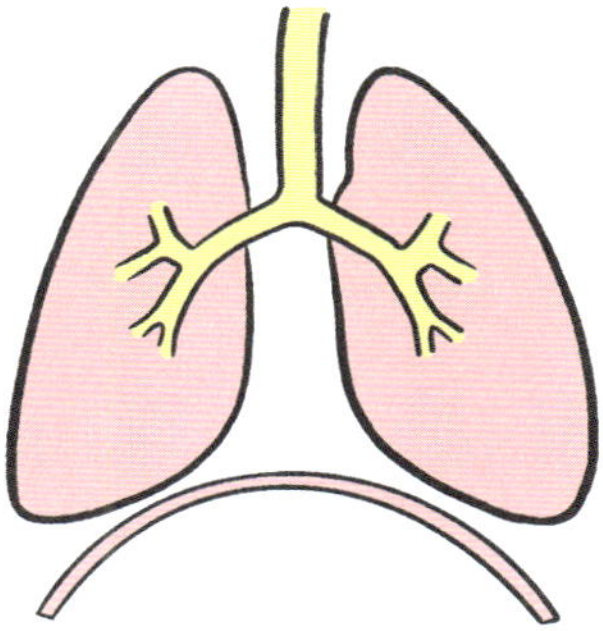

呼吸筋

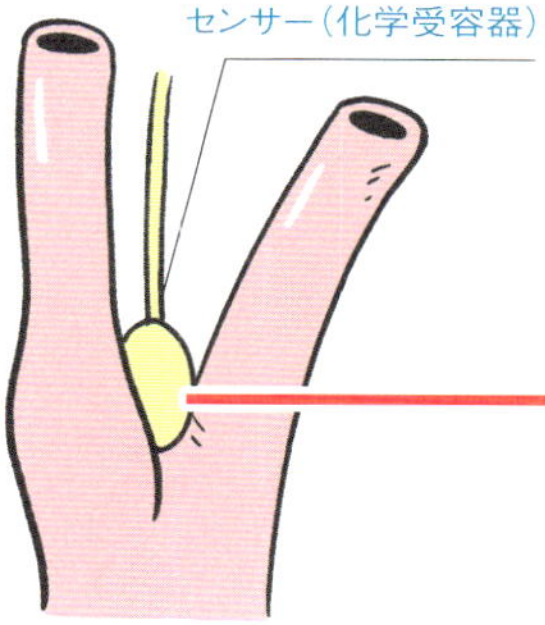

頸動脈

頸動脈にあるセンサーが血中の酸素濃度の低下と二酸化炭素濃度の上昇を感知。

息苦しさは酸素だけでなく二酸化炭素濃度も鍵

呼吸制御にかかわる情報のうち、特に重視されるのが血中の二酸化炭素の濃度。二酸化炭素濃度が低くなりすぎると酸素が足りていても息苦しさを感じます。また、二酸化炭素濃度が高くなると、脳の血流量が増えることがわかっています。

ボンベなしで潜水するフリーダイバーには、血中の二酸化炭素濃度を意図的に低下させて息苦しさを軽減させる特殊な呼吸メソッドが※存在する。

※適切な指導の下で行わないと危険。

目や耳、鼻で感じ取った情報は脳の中で情報として処理される

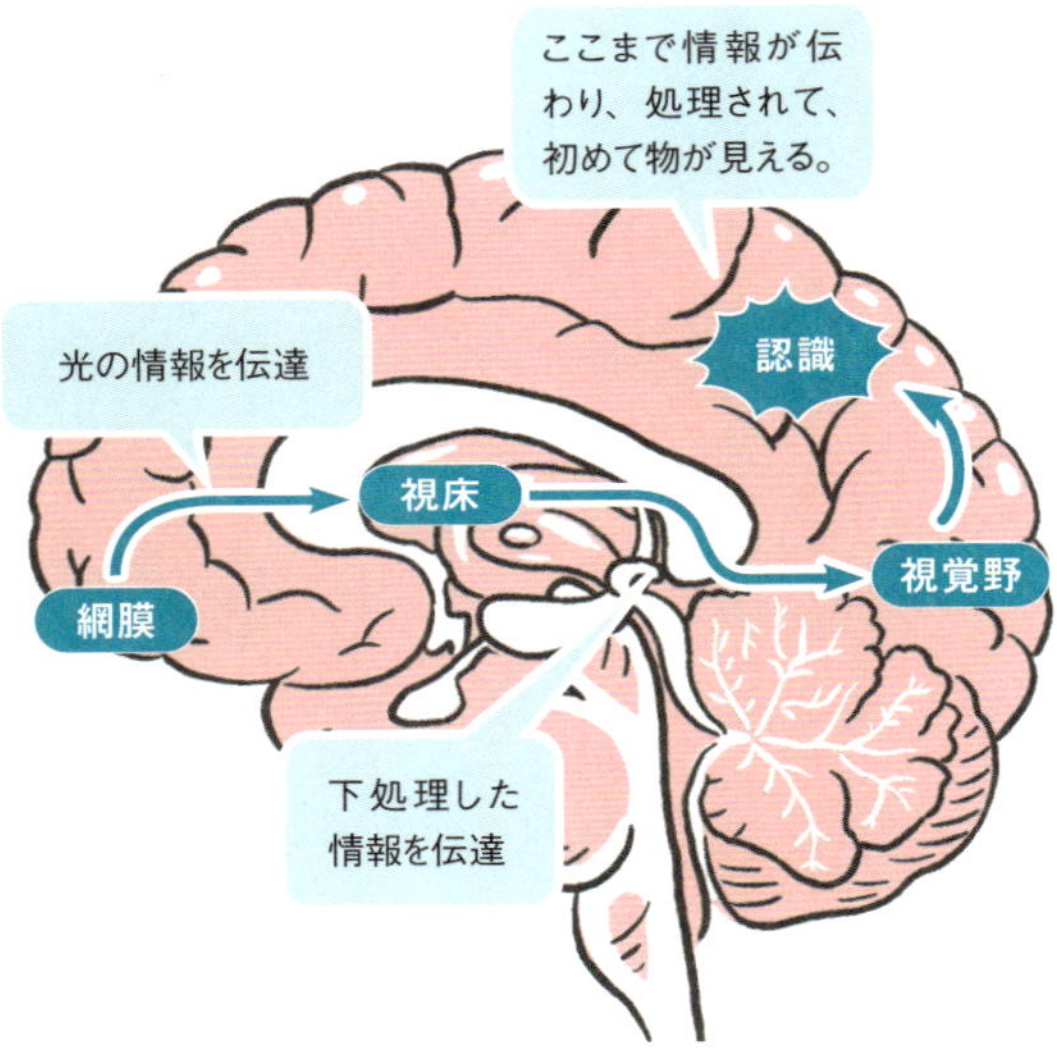
ここまで情報が伝わり、処理されて、初めて物が見える。
光の情報を伝達
認識
視床
視覚野
網膜
下処理した情報を伝達

眼球や網膜に異常がなくても、光の情報が処理される脳内過程のどこかに異常があれば、視覚は正しく認識できない。
極端な場合は、「目は見えているはずなのに、認識できない」状態になることも。

目は脳への情報収集の器官

見る・聞く・触るなどを司る感覚器は、外界からの刺激に反応し、その情報を脳に送る役割を担っています。しかし、**感覚器が送るのは刺激の有無を示すオンとオフの信号にすぎません**。この段階では、感覚として認識される情報ではないのです。

脳はこれらの生データを処理し、初めて視覚や聴覚、触覚などの感覚として認識できる情報に変換します。たとえば「物を見る」という行為も、

感覚器が正常でも脳に異常があると〝感じられない〟

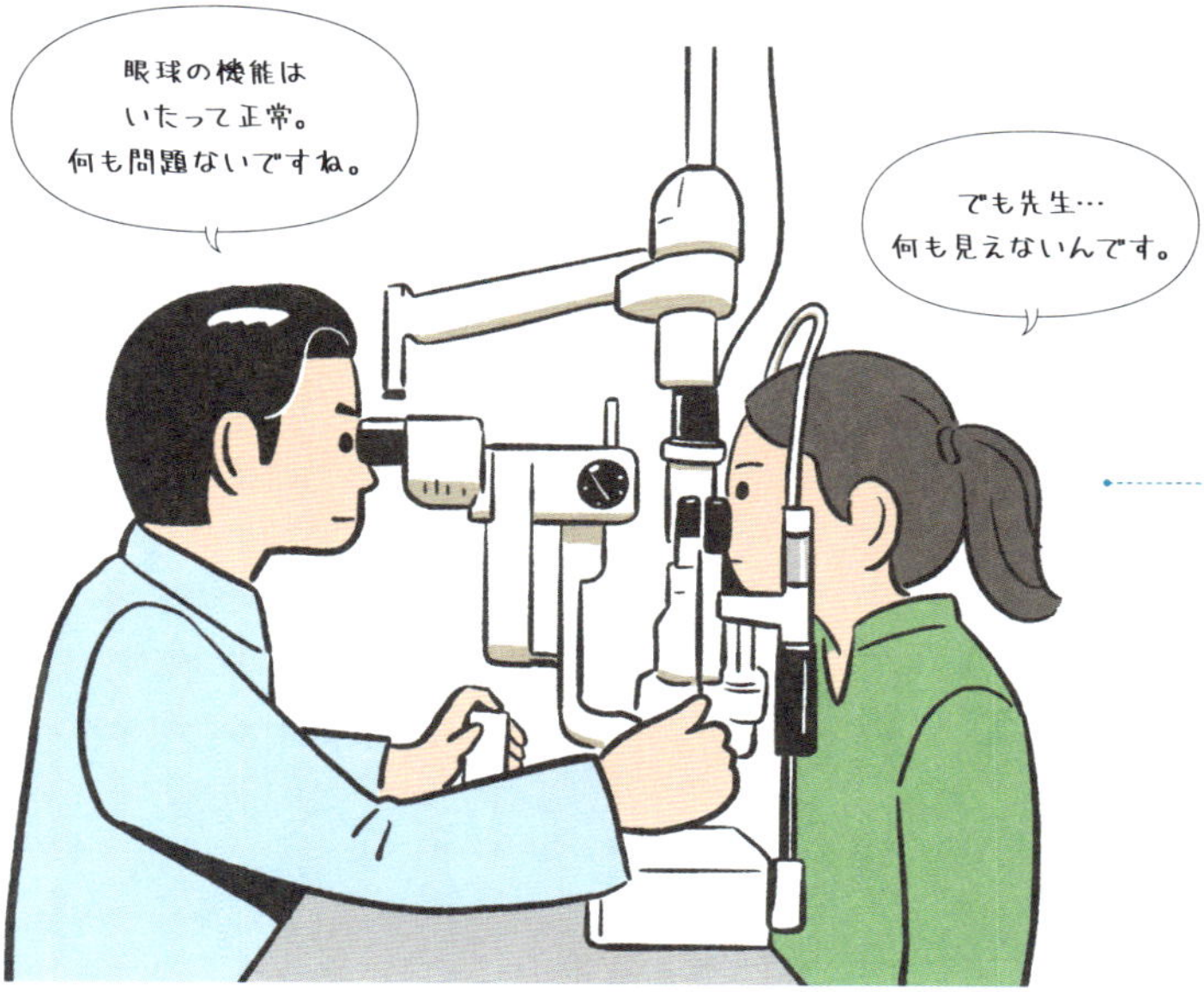
眼球の機能は
いたって正常。
何も問題ないですね。
でも先生…
何も見えないんです。

脳による処理が行われてこそ認識できるということ。反対に、**感覚器が正常でも、その感覚を処理する脳のパーツに異常があれば、正しく感覚を認識できません。**たとえば、視覚情報が第一次視覚野に投影されても、その後視覚情報処理のパーツに問題があると、視覚を認識できなくなることがあります。逆に、全盲の状態であっても、脳内で視覚情報が誤作動を起こし、幻覚が現れることもあります。このように、感覚は感覚器だけでなく、脳の情報処理によって成り立っているのです。

※脳内で視覚情報の最初の処理を行う領域。外界からの視覚刺激を、形、色、動きなどに整理する。

脳が制御しているさまざまな感覚

- **感覚**
  - **体性感覚**
    - **表在感覚**　皮膚で感じるもの
      - 触覚（触った感覚）
      - 圧覚（押された感覚）
      - 温冷覚（温かい、冷たいを感じる感覚）
      - 表在痛覚（体表面の痛み）
    - **深部感覚**　筋肉や関節で感じるもの
      - 振動覚（振動を感じる感覚）
      - 位置覚（手足の位置がわかる感覚）
      - 運動覚（手足の運動方向がわかる感覚）
      - 深部痛覚（体深部の痛み）
  - **特殊感覚**
    - 視覚（光や景色を感じる感覚）
    - 聴覚（音を感じる感覚）
    - 平衡感覚（加速度や傾き、回転を感じる感覚）
    - 嗅覚（匂いを感じる感覚）
    - 味覚（味を感じる感覚）
  - **内臓感覚**
    - 内臓感覚（内臓の感覚）
    - 内臓痛覚（内臓の痛み）

一般的に知られているヒトが持つ五感（視覚・聴覚・嗅覚・触覚・味覚）は、脳が処理する感覚の一部分にすぎない。皮膚で感じる「温かい・冷たい」などの温度感覚は、触覚とは別の温冷覚として処理されている。さらに、体の深部にある内臓にも感覚があることが知られている。

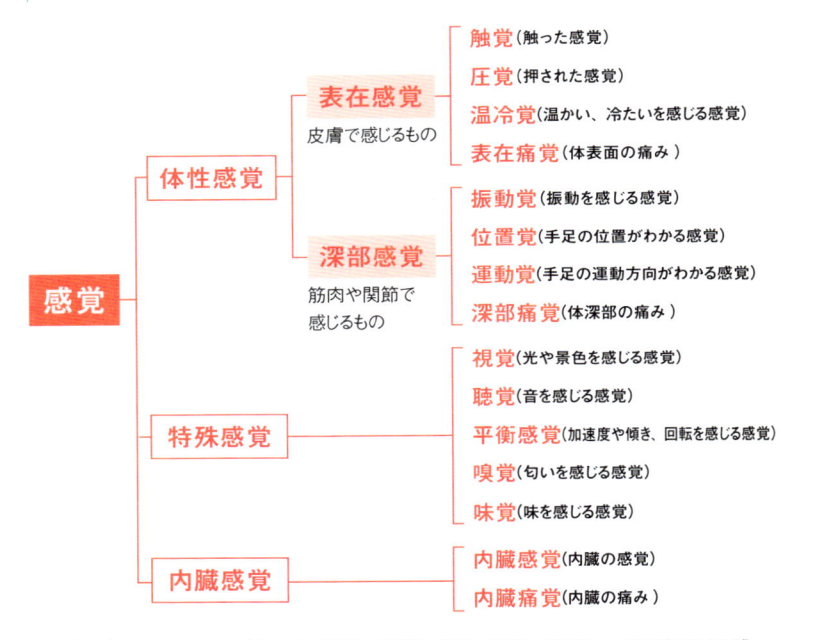

脳の不調は腸で感じやすい

小説などで「持ち得るすべての感覚を研ぎ澄ませて…」と表現する時、一般的には視覚や聴覚などの五感を指すものです。しかし、**五感は感覚の一部**にすぎません。たとえば、手元を注視しなくても手作業ができるのは、手足の「位置感覚」が働いているからです。また、空腹・満腹感や尿意、便意なども内臓感覚が支えています。このような五感を含めた感覚は、上図のようにさまざまな種類があり、特

内臓感覚と脳の関係の例（消化器官）

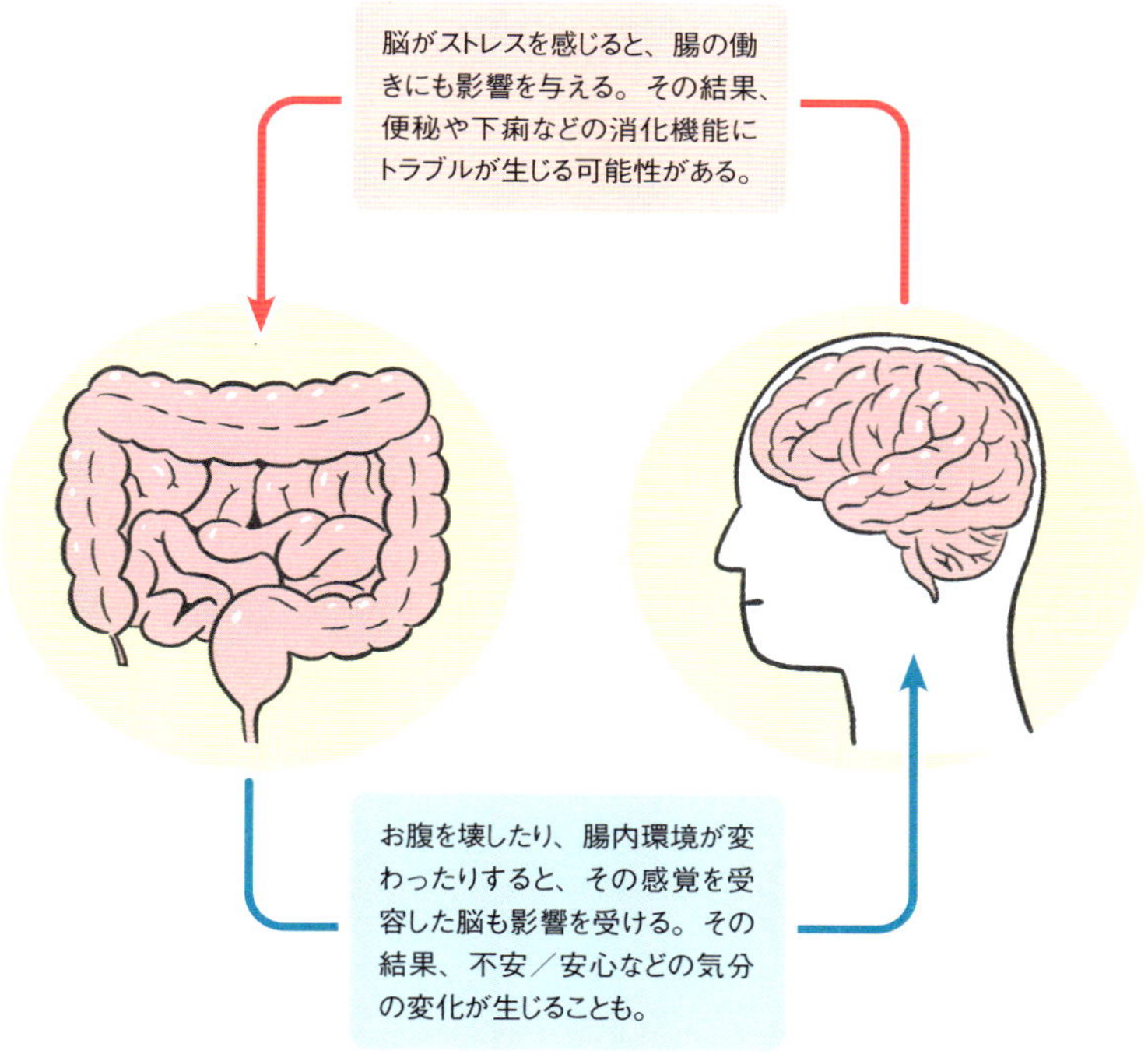
脳がストレスを感じると、腸の働きにも影響を与える。その結果、便秘や下痢などの消化機能にトラブルが生じる可能性がある。
お腹を壊したり、腸内環境が変わったりすると、その感覚を受容した脳も影響を受ける。その結果、不安／安心などの気分の変化が生じることも。

微ごとに分類されています。
普段の生活では五感以外を意識することは少ないかもしれませんが、生きていく上ではどれも重要な感覚。その中で、最近では「内臓感覚」による脳と腸の関係に注目が集まっています。たとえば、ストレスが原因でお腹を壊す、というのはよく聞く話です。それと反対に、腸の調子が悪いとその感覚が脳に影響を与え、落ち込みや不安などの鬱症状を引き起こすこともあります。この脳と腸の深い繋がりは「脳腸相関」と呼ばれ、研究が進んでいます（P.90）。

２００個の筋肉を一瞬で制御する運動を司る脳の仕組み

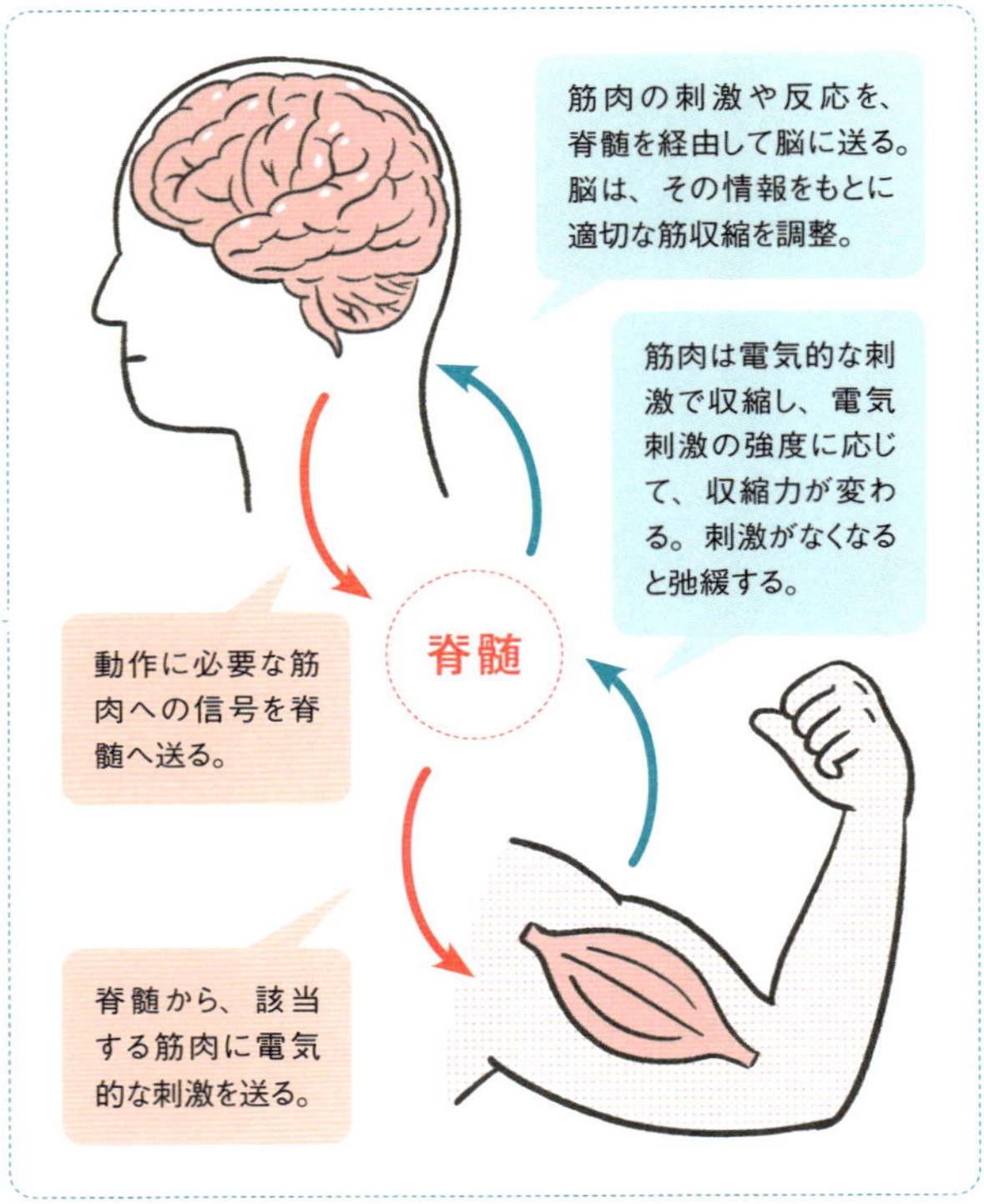
筋肉の刺激や反応を、脊髄を経由して脳に送る。脳は、その情報をもとに適切な筋収縮を調整。

筋肉は電気的な刺激で収縮し、電気刺激の強度に応じて、収縮力が変わる。刺激がなくなると弛緩する。

脊髄
動作に必要な筋肉への信号を脊髄へ送る。

脊髄から、該当する筋肉に電気的な刺激を送る。

動きのパターンを組み合わせている

運動は筋肉の収縮によってもたらされますが、その指令を出しているのは脳です。脳からの信号は脊髄を介して筋肉へ伝達されます。その信号によって筋肉が収縮し、信号がなくなると弛緩します。このように**一つひとつの筋肉と脳の繋がりは単純ですが、全身の筋肉は６００個以上あり、一説には歩く時に使う筋肉の数は２００個**とも。それら**すべてを制御しているのは脳の驚異的な処理能力**です。

フィードバックによる制御の例

運動時は筋肉の制御以外にも、感覚や記憶などの機能も総動員される。視覚情報の分析や過去の記憶を使ったシミュレーション、全身のさまざまな筋肉への正確な指令を一瞬で行っている。
このような複雑な働きを「高次脳機能（P.144）」という。

バッティング時の脳の動き

ピッチャーやボールの動きに注意を向け、余計な思考の動きを抑える。視覚に意識が集中する。

動作に関する記憶にアクセス。視覚情報と併せて状況を判断し、動作を脳内でシミュレーションする。

シミュレーションと状況をリアルタイムに比較し、動きのパターンを微調整しながら実際の動作に繋げる。

こうした動作は経験の蓄積によってシミュレーション精度が増すので運動の精度も向上する。

この複雑な筋肉制御を脳がどのように処理しているのか完全には解明されていません。そうした中で提唱されているのが**「運動モジュール仮説」**です。この仮説では、動きの制御を典型的なパターンごとに管理していると考えられます。つまり、「歩く時の筋肉の動かし方のパターン」「しゃがむ時のパターン」など、**複数の筋肉の動かし方をセットで処理している**ということです。大まかなパターンで筋肉制御を高速化し、あとは細かな調整によって複雑な動作を可能にしています。

記憶はどうやって保存されている？ 脳の成長とともにシステムとして保存

記憶に関わる脳の部位

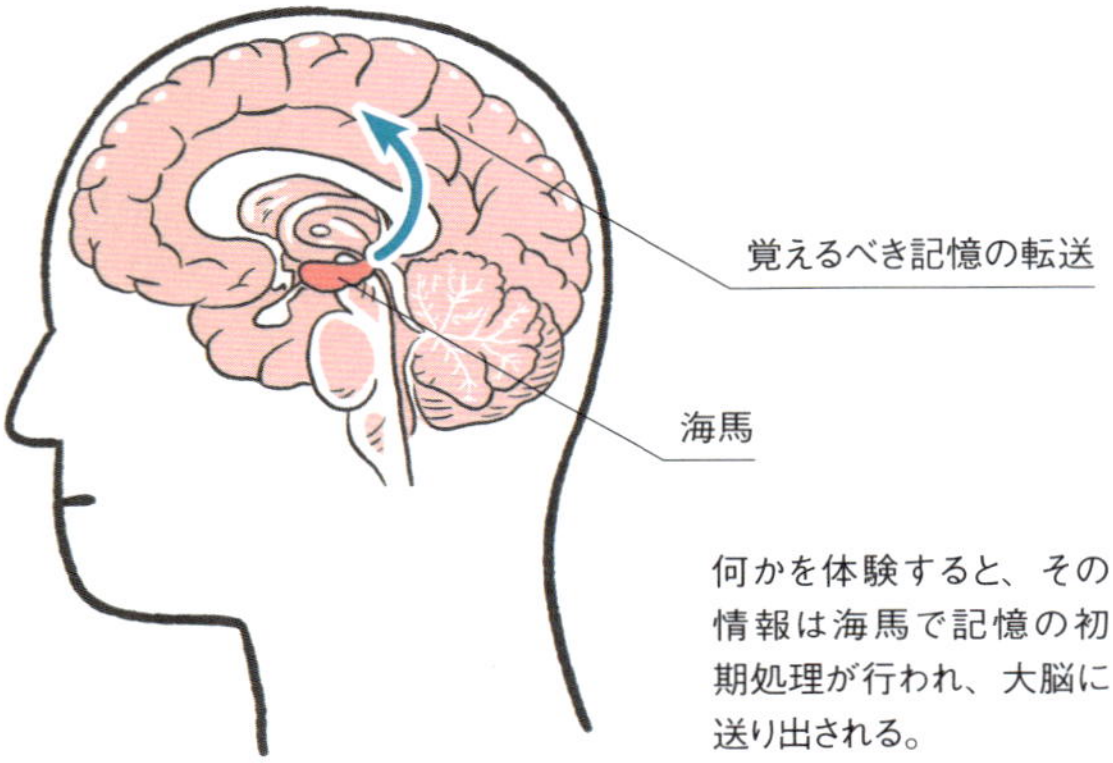

何かを体験すると、その情報は海馬で記憶の初期処理が行われ、大脳に送り出される。

記憶=シナプスの繋がり

さまざまな経験の情報は大脳に送られ、その情報処理の過程でニューロンが数珠繋ぎに発火する。この繋がりが残ることこそ記憶の本質であり、形あるものとして保存されているわけではない。脳は形を変えることで記憶を再現できる能力が変わる。成長もその1つであり、経験によっても成長する。

記憶は「繋がり」として保持されている

小説や映画などで記憶を辿るシーンが描かれる際、脳内には図書館があり、記憶はそこに保存されている書籍のように描かれることがあります。しかし、実は**記憶自体が形あるものとして貯蔵されているのかは解明されていません**。

実際の記憶は、体験時に発火した**シナプスの繋がりやニューロンの活動パターン、つまりシステムとして保存されています**。思い出す際は実際の体験時と同じニューロン

塗り変わる記憶

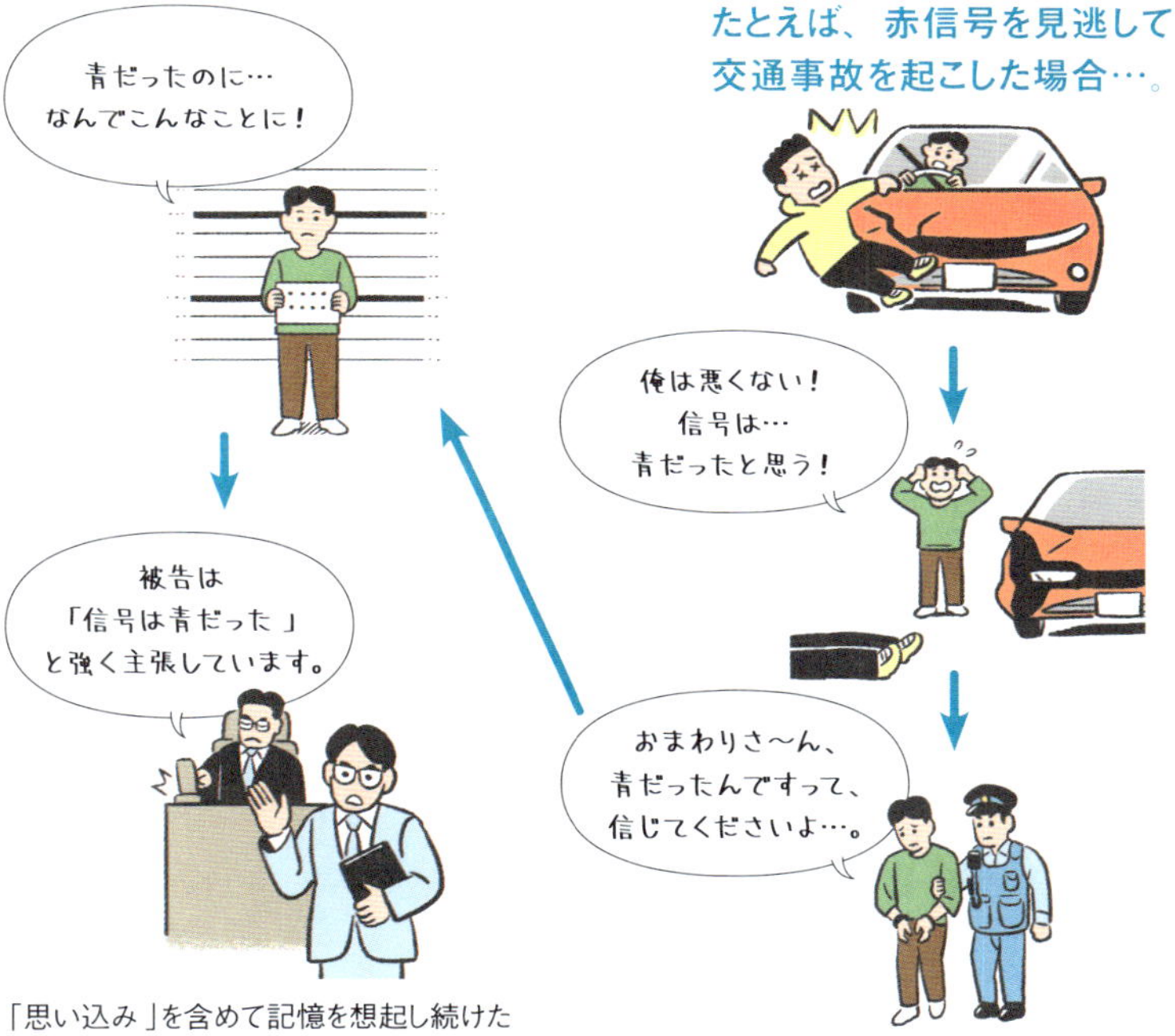
たとえば、赤信号を見逃して
交通事故を起こした場合…。
俺は悪くない！信号は…青だったと思う！
おまわりさ〜ん、青だったんですって、信じてくださいよ…。
被告は「信号は青だった」と強く主張しています。
青だったのに…なんでこんなことに！

事実に反することを繰り返し想起する。

「思い込み」を含めて記憶を想起し続けた結果、記憶が塗り替えられてしまう。

が再発火することで想起できます。記憶はただ書籍のページをめくるように思い出すのではなく、脳内で再現されるのです。この再発火を繰り返すことでニューロンの結びつきが強まり、記憶が強化されます。しかし、繋がりで作られている以上、その繋がりが混線すれば記憶が塗り替わることがあります。たとえば、記憶を想起する際、強い思い込みを抱いたり、他者から繰り返し言葉をかけられたりすることでシナプスの繋がりが変わり、記憶自体が変質してしまうことがあります。

体験している最中の海馬と小脳が記憶力の鍵

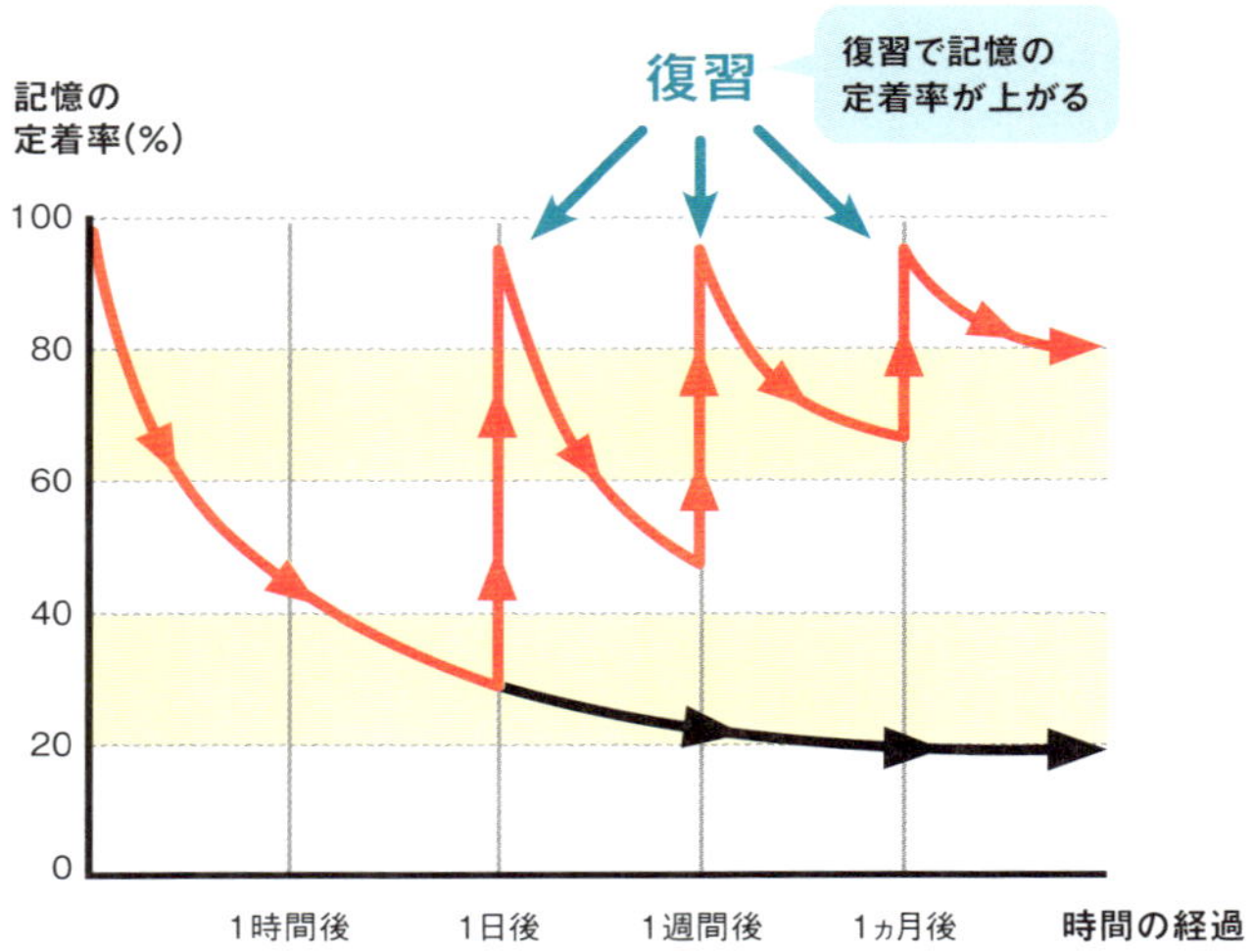
復習
復習で記憶の定着率が上がる
記憶の定着率(%)
100
80
60
40
20
0
1時間後
1日後
1週間後
1ヵ月後
時間の経過

ドイツの心理学者エビングハウスは、記憶の定着と忘却の関係を示すグラフを作成。この「忘却曲線」は、学習直後に記憶が急速に失われることを示してるが、復習を繰り返すことで記憶が忘れにくくなることも明らかにしている。

最初の復習ではまだ記憶が消えやすいものの、繰り返すたびに記憶は定着し、長期間保持されやすくなる。

海馬と小脳が記憶を定着させる

記憶は、まず海馬や小脳が働かないと保存がしにくいことがわかっています。**海馬では、保管された記憶をどのように扱うか**、つまり記憶の重要性や関連性に基づいて「残すべきか、捨てるべきか」の**仕分け作業が行われます**。海馬によって「特に残さなくてもよい」と判断された記憶は、大脳皮質の芝生に相当する部分を通過しても、ほとんど跡を残しません。しかし、何度も繰り返されることで、大脳

記憶は芝生に残る足跡のようなもの。

芝生の上を歩くと、芝が踏み固められて跡が残る。繰り返し通るとその跡は濃くなるが、通らない場所は徐々に薄れていく。
一回通っただけ(一回思い出しただけ)では足跡は薄い。

経験や記憶を芝生を歩くことにたとえると、芝生に残った跡は記憶の保持、繰り返し歩くことは記憶の想起だと捉えられる。
重要な記憶は“スパイクを履く”ので、芝生に跡が残りやすい。

皮質の芝生に徐々に跡が刻まれていきます。このような過程を経て、繰り返された記憶は定着していくのです。

一方で、生命の維持や生存に関わる重要な記憶に対しては、海馬は特別な働きをします。その働きは、まるで「スパイクを履かせる」かのようなもの。この場合、一度の経験でも大脳皮質の芝生に深い跡が残され、記憶が定着しやすくなるのです。このように、**記憶の仕分けと定着のプロセスは、日常的な経験と生命維持に不可欠な経験で異なる仕組みを持っている**のです。

嬉しいも楽しいも、どんな感情も生存上の脳の仕組みにすぎない

たとえば、ある日、
森の中でクマに遭遇したら…

クマもクマで、縄張りに侵入したヒトに対し、脳が「不快」の判断を下し、即座に体が動く。

脳はまず、出来事を「不快」だと判断し、即座に心拍数を上げ筋肉へ血流を集中させる。

同時に、脳内では情報が処理される。

体の反応の自覚も感情の種になる

感情とは、**根本的な仕組みを辿れば「刺激に対する脳の神経伝達物質の分泌」に他なりません。**私たちが外界からの刺激を受けると、脳はそれを瞬時に分析し、「心地良いもの」か「不快なもの」かを判断します。その結果、脳内で特定の神経伝達物質が分泌され、これが体にさまざまな生理的変化を引き起こします。たとえば、心拍数の増減、発汗の増加や減少、筋肉への血流量の変化などが挙げられま

恐怖の感情が生まれる瞬間

侵入者だ！
全身の毛が逆立つのを
感じる。
クマだ！
許さん！
と思っているかも…
心臓がバクバク
している
体が震えている
怖い！

す。こうした生理的変化は、刺激を受けて即座に起こるだけでなく、私たち自身がそれを自覚した時に、感情として認識されるのです。

感情は刺激だけでなく、気質や過去の体験にも影響を受けます。これにより、同じ刺激でも人によって異なる感情が生まれるのです。これらの要素が複雑に絡み合うことで、感情は生理反応を超え、意識下においてより多様で豊かなものとして表現されます。このように、**感情の仕組みは生理的な側面と心理的な側面の両方が深く関与**しています。

脳は報酬が決まっていると働きやすい

栄養摂取は生きる上で最も重要な活動の１つ。脳はそれを促すために、食事に対して満足感という快楽を紐付ける。

味のある店構え…
もしかしたら
知る人ぞ知る名店かも…？

美味しい料理を食べていなくても、「美味しい料理が食べられそう」という期待感でドーパミンが分泌される。期待による快楽が行動を促す。

より良く生きるために脳はご褒美を用意する

心地良い感情は、望ましい刺激との接触機会を増やすために働く仕組みです。このプロセスには、**脳の「報酬系」と呼ばれるシステムが深く関わっています**。外部刺激に対して、扁桃体・側座核が「快」と判断すると、ドーパミンの放出が促され、私たちは快楽を感じます。この快楽と、その場の状況や記憶が結びつくことで、「楽しい」や「嬉しい」といった感情が生まれます。特に食事やセックスのよ

ドーパミンが喜びを遠ざけることも

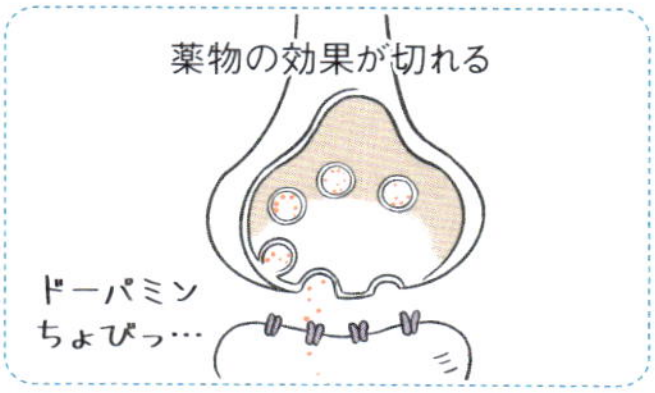
薬物の効果が切れる
ドーパミン
ちょびっ…

喜びはいずこへ…

ドーパミンの過剰放出に対して、脳は抑制する機能を発達させる。薬物が切れても、抑制の仕組みはそのままなので、日常の喜びを感じにくくなる。そしてまた、「元通り」になろうとして薬物を使用するループに陥る。直接ドーパミンの放出に働きかける薬物ほど依存性が高いと言われる。

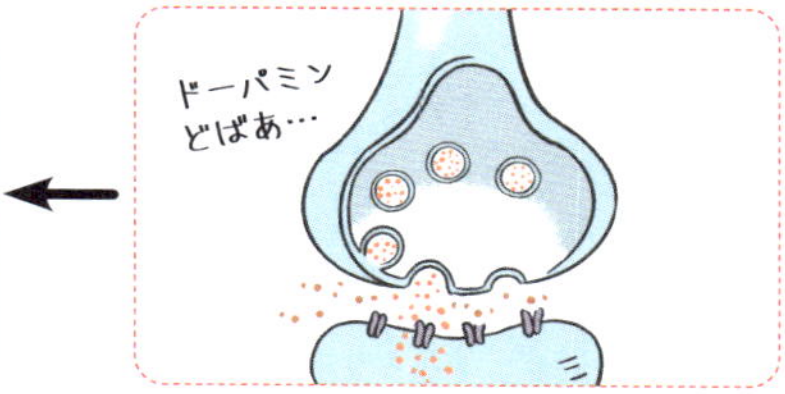
ドーパミン
どばあ…

Fooooooooo!
パッキパキの
無敵だぜ！

違法薬物には通常では得られない量のドーパミンが放出されるものがあるため、強烈な快楽を得られる。

うに、**生存や子孫繁栄に直結する行動において、この仕組みは重要で、その機会を増やす動機付けとして働きます。**

ただし、ドーパミンが過剰に放出され続けると、分泌を制御する仕組みが働き、快楽への感度が低下します。その結果、慢性的な無気力状態や興奮の減退が引き起こされるのです。これは、違法薬物の離脱症状やギャンブル依存症の仕組みにも関与。過剰なドーパミン放出が繰り返されることで、正常な報酬系の機能が損なわれ、引き起こされるのです。

意識も脳が担当しているはずだがハードプロブレムが立ちはだかる

イージープロブレム

主観は化学反応

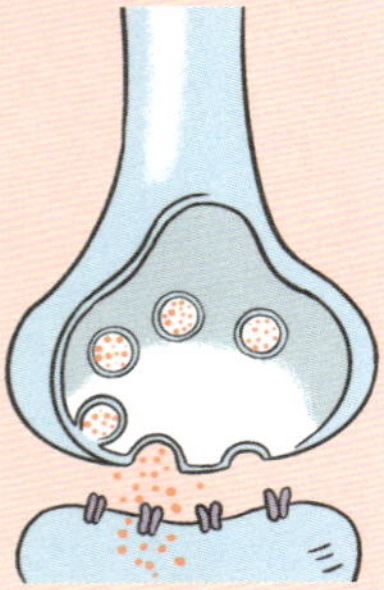

食事を口に含んだ際の「唾液が出ること」「味を感じること」「料理の温かさを感じること」など、すべてはシナプスでの神経伝達物質のやり取りにすぎない。
こうした情報処理と反応の連続が主観のように感じられているだけ。

つまるところ、シナプスでは物質と物質の反応が起こっているだけ。程度の差こそあれ、化学実験中のビーカー内部での反応と大差はない。

意識は脳内の物理的な現象の一部にすぎない？

一般的に**意識や心、思考は脳内の神経ネットワークが複雑に絡み合うことで生まれると考えられます**。しかし、最新の科学でも、それ以上の**明確な答えはまだありません**。なぜなら科学による客観的な観察では、脳内の化学反応しか見ることができないからです。それは、程度の差こそあれ、突き詰めてしまえば薬品同士の反応とほとんど変わりません。そのため、意識の根源は化学反応である、という

意識のハードプロブレム

さまざまな物質的な反応が情報として脳内で統合されることで、意識が生まれる。
一般的にはそのように説明されるが、“なぜ意識が生まれるのか”は未解明。

化学反応＝意識であると言えるならば、塩のような無生物にも意識があると言えてしまう。

温かい
もっと食べたい！
飯がうまくて幸せだ！
この味好きだな

私は考える塩。
物に意識がないなんて
しょっぺえこと言うなよ。
食塩

仮説がたてられます。ここまではイージープロブレム（単純な問題）です。
　しかし、どのような化学反応がどう組み合わさった時に意識を生むのか、その答えは見つかっていません。**あくまで意識は主観的なもので、科学では主観を扱えないからです。これは意識のハードプロブレムと呼ばれています。**あらゆる化学反応に意識を生み出す可能性があるとするならば、無生物も意識をもっている可能性も完全には否定できないのです。

客観的な仕組みは解明できても主観的な経験は検証できない

感覚は客観的に説明できるが…

感覚を生む反応は説明可能

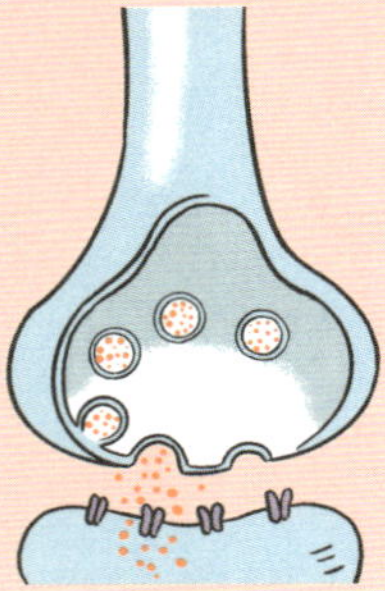

転んで痛みを感じた状況を考えてみる。打ちつけた箇所の痛点が反応し、その情報は脳へと送られる。
情報の強度や頻度などに応じて、脳はそれを痛みと分類して処理する。
客観的な観察ではここまでしか説明できない。

痛いと感じている主観的な経験はその個人のもの。どのくらい痛いのか、どう痛いのか、痛くてどう思ったのかは外部からは確認できない。

客観的な視点では他人もロボットも同じ？

意識や心を論じる上での最大の問題は、「意識が主観的な経験である」という点です。この主観性こそが、意識を科学的に解明する際に最大の障壁となっています。たとえば、転んで腰を打った時、私たちは「痛い」と感じます。この「痛い」という感覚は、単なる神経の反応や脳内の信号処理の結果にすぎません。しかし、それだけでは「痛いと感じること」という主観的な経験は説明できません。これは

意識の有無は外部からは観察できない

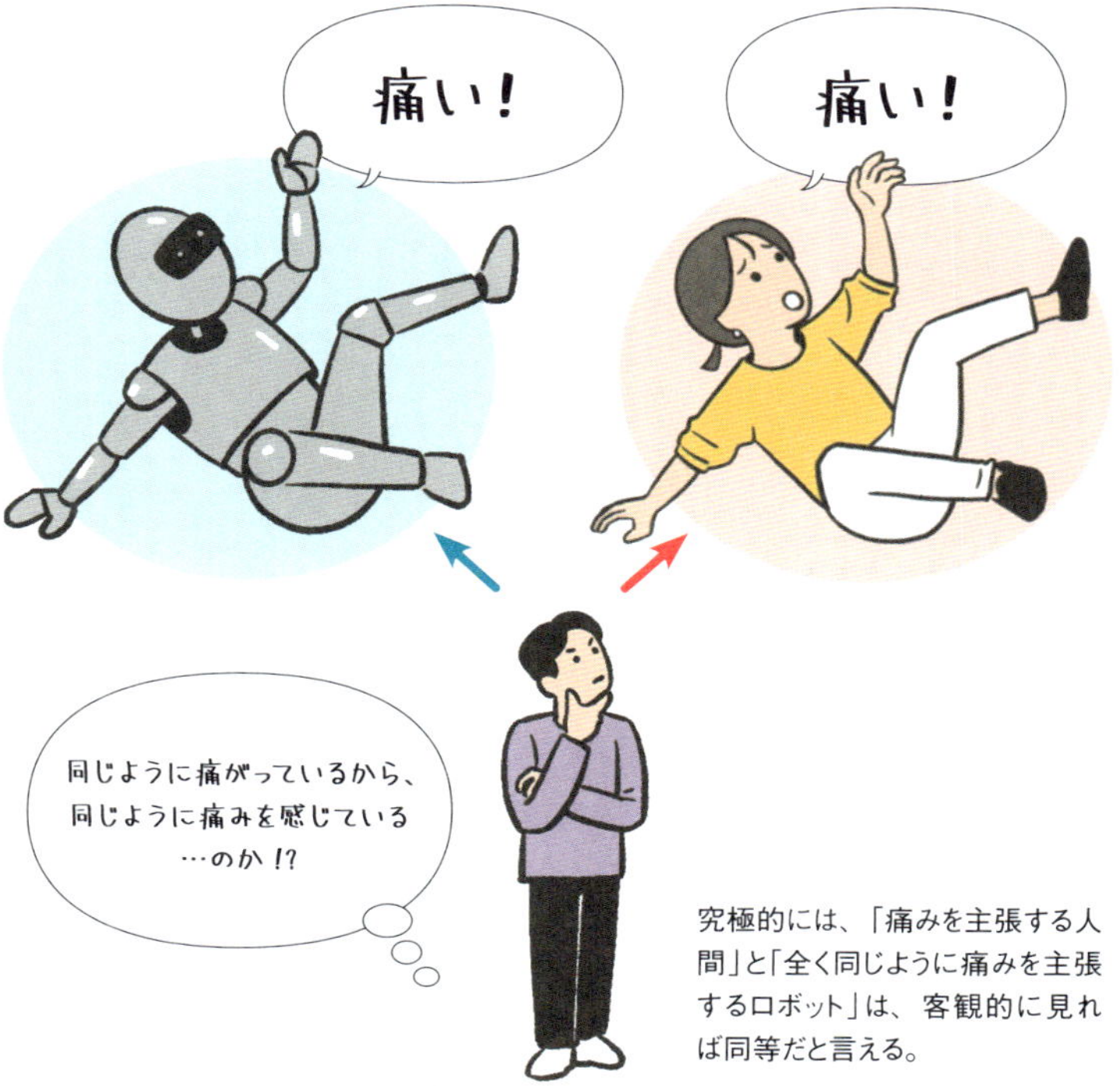
痛い！
痛い！
同じように痛がっているから、
同じように痛みを感じている
…のか！？

究極的には、「痛みを主張する人間」と「全く同じように痛みを主張するロボット」は、客観的に見れば同等だと言える。

単に物理的な現象として記述できるものではなく、私たち自身の意識の中でのみ体験されるものです。

同じように、他人が同じ状況で「痛い」と主張している場合、その痛みがどのようなものか、他人が経験することはできません。究極的には、痛みを主張するロボットと人間の差を説明できないのです。

このように、主観的な経験は、客観的な方法で測定したり定量化したりすることができないため、**主観的な経験を科学の対象として扱うのは非常に複雑な課題**となります。

PART 1

脳はすごい

CHAPTER 3

生き様が現れるからすごい

この章でわかること

異なるもの同士を比較した脳の形の違いや変化

動物とヒトの脳は大きく形が異なります。そこから見えてくるのは、生き様と脳の形の関係性です。さらに、脳の形を人間同士で比較したり、同じ個人の異なる年齢で比較したりすると……。一見同じようにしか見えない脳の、隠れた多様性に驚くはずです。

断面からわかる“脳の枝ぶり”

ヒトの脳の多様性が最も現れるのは、大脳皮質の下層にある白質という領域。白質を断面で見ると樹木のように見えることから、本書では“脳の枝ぶり”と表現しています。その脳の枝ぶりが個人の脳の特性とどのように関連しているのか解説します。

脳の役割をマッピングした“脳番地”の考え方

CHAPTER1で紹介したように、大脳皮質は前頭葉や後頭葉のように区分することができますが、さらに細かく分けて機能別にマッピングすることが可能。大脳皮質を中心に、機能別にマッピングした“脳番地”の基本的な考え方を紹介します。

Brain Science

脳の形は生き様そのもの 動物ごと、個人ごとに違った脳

動物種によって大きく異なる脳の形。
ヒト同士で比較しても、各々違った脳をもっています。

ヒトの脳

思考や記憶、コミュニケーションが生存に欠かせないヒトは、他の動物に比べて大脳皮質の割合が高い。

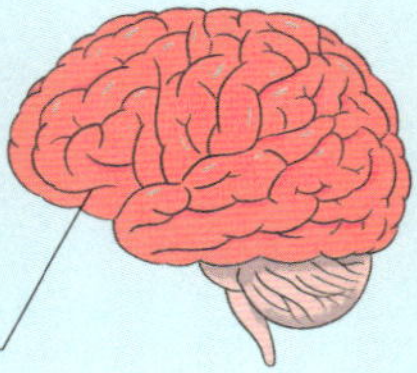

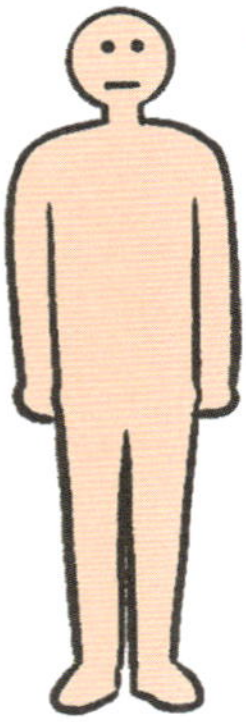

動物の脳の形を比較すると、大きく異なっていることがわかる。これは、生きていく上で必要な機能に関連した部位が発達しているから。

ヒトらしい脳 動物らしい脳

脳の形は、生物の種類によって異なります。その生物が生きていくために必要な機能に応じて形を変えるからです。たとえば、ヒトの脳は大脳皮質が発達し、思考や記憶、コミュニケーションに特化した形になっていますが、他の動物では異なる特徴が見られ

全身の動物種で比較した脳の形

ハトの脳

空を飛ぶハトは、飛行中に処理する視覚に関係した中脳（視葉）や、平衡感覚に関係した小脳が発達。

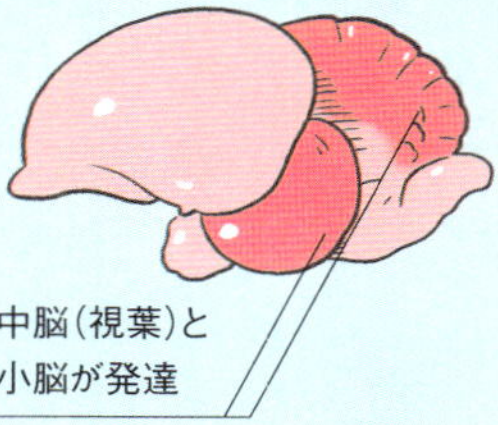

イヌの脳

構造はヒトに近いが、嗅覚に関係した嗅球という部位が発達。イヌは脳の形も嗅覚に特化している。

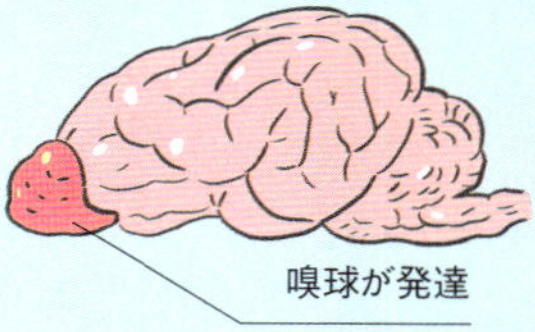

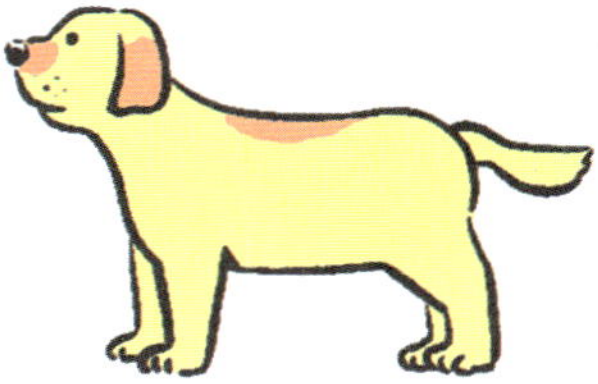

ます。嗅覚の鋭いイヌは嗅覚に関わる部位が、飛行を行うハトは平衡感覚を司る部位が発達しているのです。クラゲのような、より単純な生物になると、脳はなく、全身の神経が直接生命維持をになっています。これらの違いは、**進化の過程において、周囲の環境に対して行動や習性が適応した結果**と言えます。環境に応じた最適な機能が脳に刻み込まれているのです。このように、脳の形はその生物の生き様を反映しており、個々の生活環境や行動の特徴を象徴しています。

ヒト同士でも脳を比較すると…見かけは同じ、でも**中身が別物**

鮮明なMRI脳画像で見えてきた脳の可能性

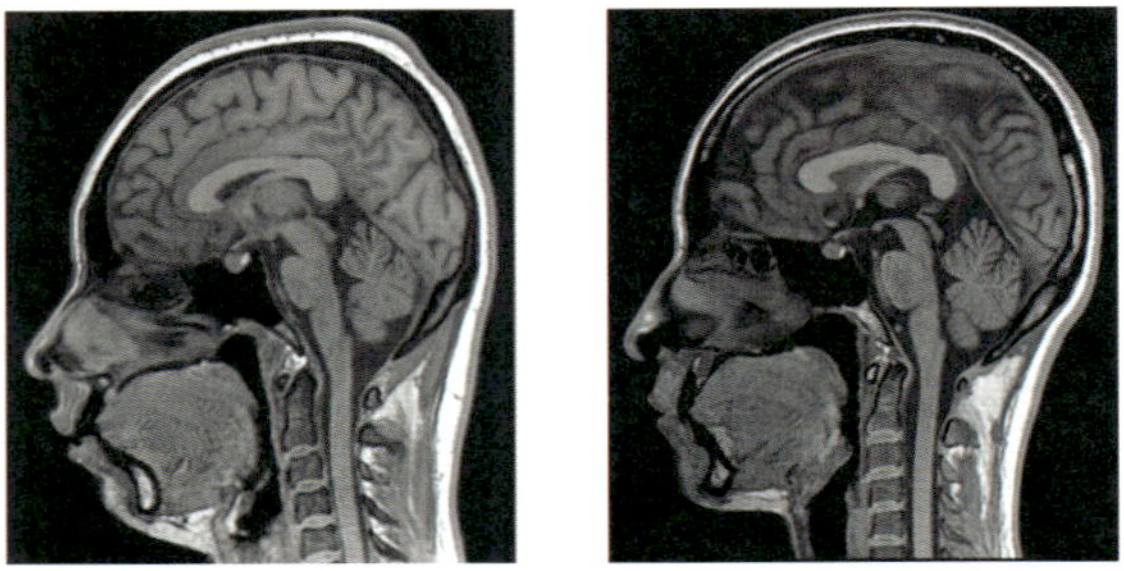

2人の女性の脳の縦断面MRI画像。脳梁や脳幹の形状、大脳の前後の長さなど、比較すると形の違いはどの部位も明らか。

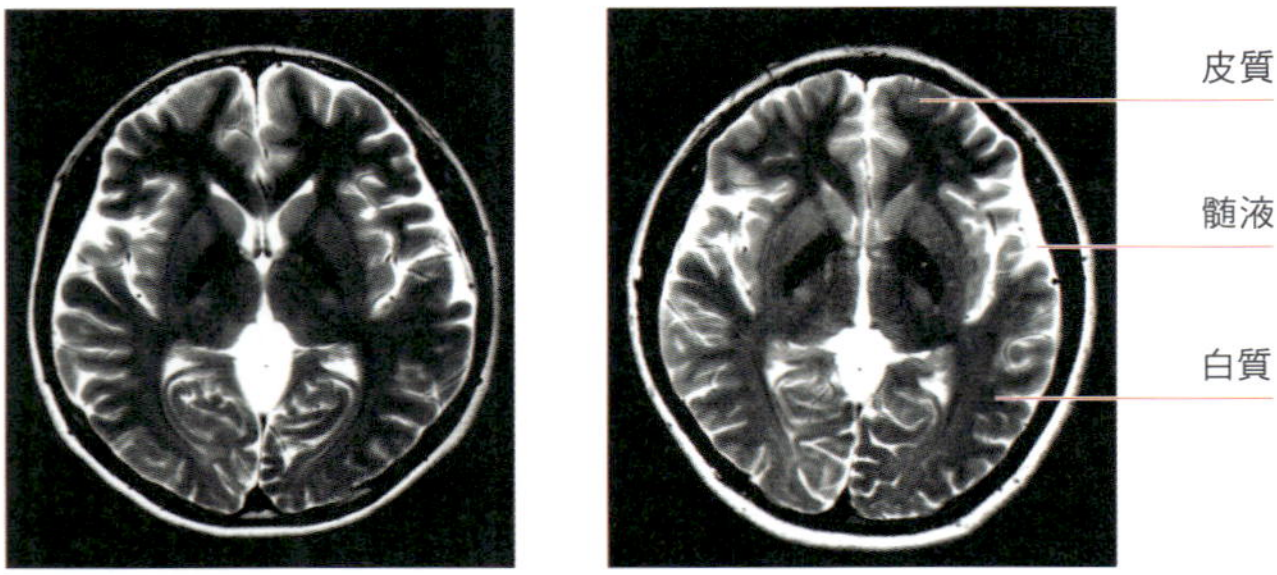

2人の女性の大脳基底核を通過する水平断面MRI画像。

ヒト同士で比較しても頭の形以上に個性的

一般に、ヒトの脳は、個人間で比較しても形はそれほど変わらないのに、使い方によって頭の良し悪しが決まるのだと、多くの人が考えてきたのではないでしょうか。しかし2003年にイギリスで誕生した、MRI（Magnetic Resonance Imaging＝磁気共鳴画像法）によってその認識は覆ります。

上の2つの写真は、20歳代の二人の女性の脳のMRI画像。**比較すると、形の違い**

樹木の枝ぶりに似た脳の発達具合

脳の白質の発達具合はまるで樹木の枝のように見える。
樹木によって枝ぶりが異なるように、脳の枝ぶりも人によって異なる。

このように異なる枝ぶりの脳を比較すると、脳機能の発達の指標としても役に立つ。

は明らかです。また、水平断面を写した下の2つの写真では、基底核の構造が分離されて見えたり、脳の白質が黒く、皮質はグレーに、髄液は白く描出され、構造的な違いも見ることができます。MRIは、撮影プログラムを多様に選択できるため、脳内の構造物が、個々人で異なっていることが明らかになりました。

　こうした構造を見てみると、**脳の白質の発達具合が樹木の枝のようにも見えます。個々人に異なる枝ぶりの発達具合を比較することで、脳機能の発達具合の指標にもなります。**

Brain Science

これまでどう生きてきたかで脳の枝ぶりが変わる

脳の枝ぶりという形で現れる脳の違い。同じ人物でも年齢によってその様相が変化する。

年齢で比較した同一人物の脳

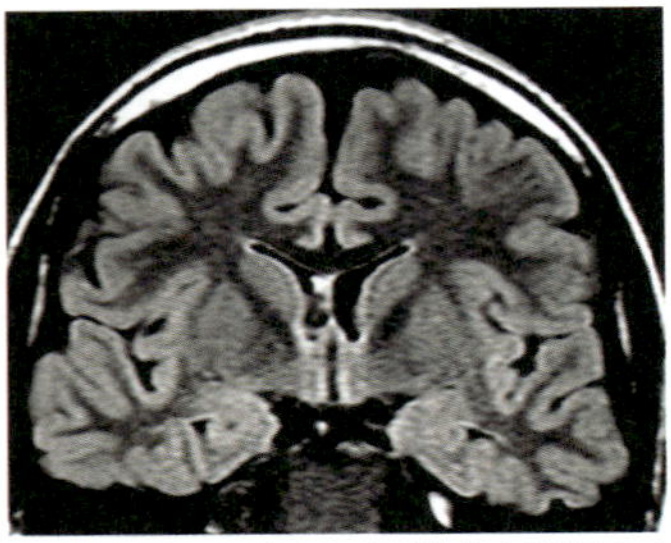

11歳の男子の海馬。扁桃体を通過する脳の冠状断面のMRI。

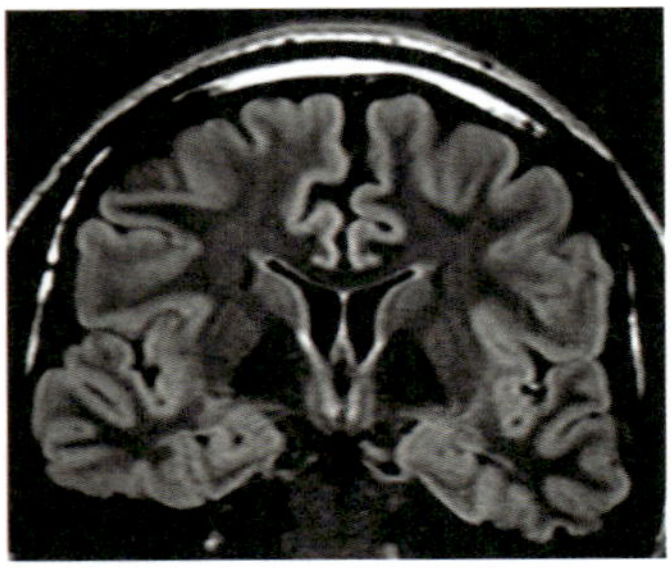

8年後の海馬。扁桃体を通過する脳の冠状断面のMRI。同一人物の脳画像を比較すると黒く描出されている白質（脳の枝ぶり）がより広がっていることがわかる。

脳の発達具合は後天的に変化する

脳の枝ぶりの発達は、これまでの人生でどのような活動や刺激を受けてきたかによって大きく変わります。良く使われた脳番地（次項）に繋がる枝ぶりは太く発達し、あまり使われない部分は細く未発達のまま。スポーツや言語、芸術、計算能力など、それぞ

環境で異なる脳の成長

枝のどこに日が当たるか
（どう生きてきたか ）で…
木の成長（能力の成長）が大きく変わる!

れの経験が脳の形状に個性を生み出します。たとえば、幼少期から楽器を演奏してきた人の脳は、年齢とともに音楽に関連した脳番地が発達する傾向があります。

一方で、**特定の分野に関与する脳番地が未発達な場合、その領域を鍛えることで新たなスキルを開花させることも不可能ではありません**。こうした脳の変化は、年齢を問わず継続的な学びや挑戦が重要であることを示しています。これらの特性は、脳科学の進歩により、詳細に明らかにされていく可能性があります。

脳の枝ぶりの先
脳は役割ごとに分かれている——脳番地

頭の形と性格を関連づけた骨相学

骨相学では、大脳の表面の領域が性格や特性に関連しているという考えをベースにしている。脳の形が頭蓋骨の形にも影響すると考えてマッピングしたが、部位と機能の関連性はでたらめだった。

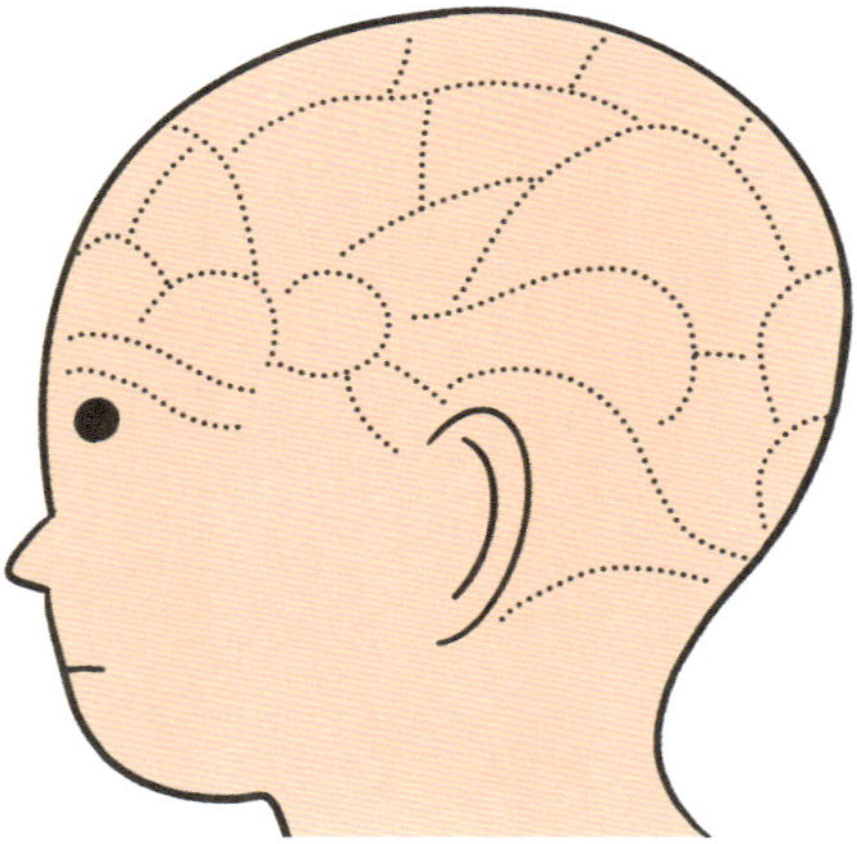

3世紀の時を経て

役割で脳を区分した役割地図、「脳番地」

かつて流行した骨相学という学問では、頭の形と精神活動との対応関係を見出そうとしました。つまり、怒りっぽい人の頭の形や穏やかな人の頭の形を見極めようとしたのです。ただし、その精度は占いレベルでした。現代では大脳皮質が部位ごとに異なる機能を司ることが科学的に明らかになっていることから、アイデア自体は間違っていなかったと言えます。

現在の脳科学の知見で脳の

現代の脳科学の知見で示した脳番地

MRIを中心とした脳科学の発展で、大脳皮質の部位ごとの役割が正確にわかるようになった。それをマッピングしたものが下図の脳番地。

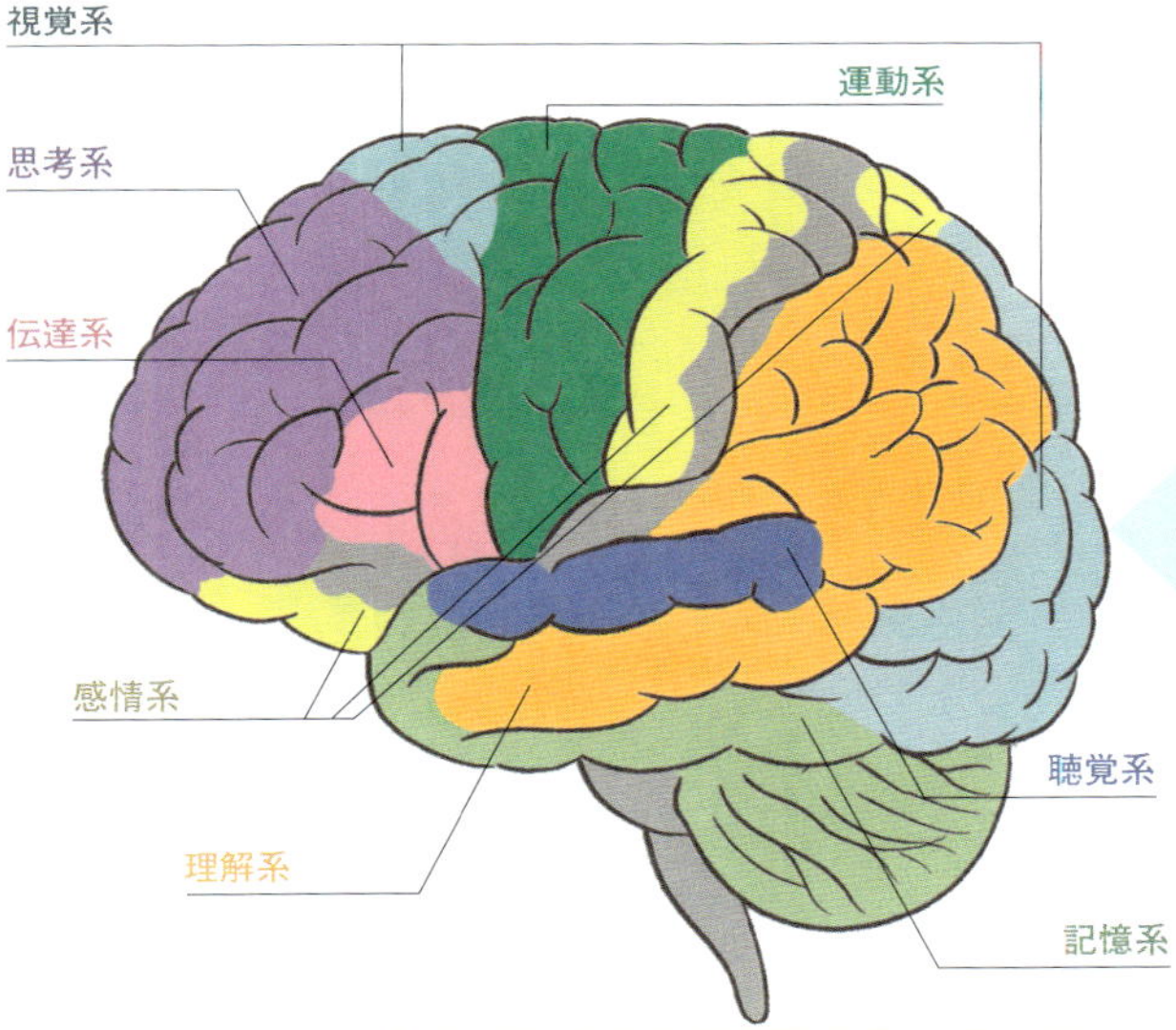
視覚系
運動系
思考系
伝達系
感情系
聴覚系
理解系
記憶系

正確な脳内マッピングが誕生!

機能分化を示したものの1つが「脳番地」という概念です。たとえば、視覚を司る後頭葉、運動をコントロールする頭頂葉、読む・聞くを処理する側頭葉など、それぞれの領域が特定の働きを持つことが知られています。脳番地の配置と働きは、脳の驚異的な複雑さを示しており、これらの機能分化のおかげで私たちは高度な知的活動を可能にしているのです。また、**脳番地の理解は、脳の健康維持やリハビリテーションの分野でも重要な役割を果たしており、さらなる研究が期待される**でしょう。

脳の枝ぶりに脳番地を合わせると その人の得意・不得意がわかる

脳は左右非対称に発達する

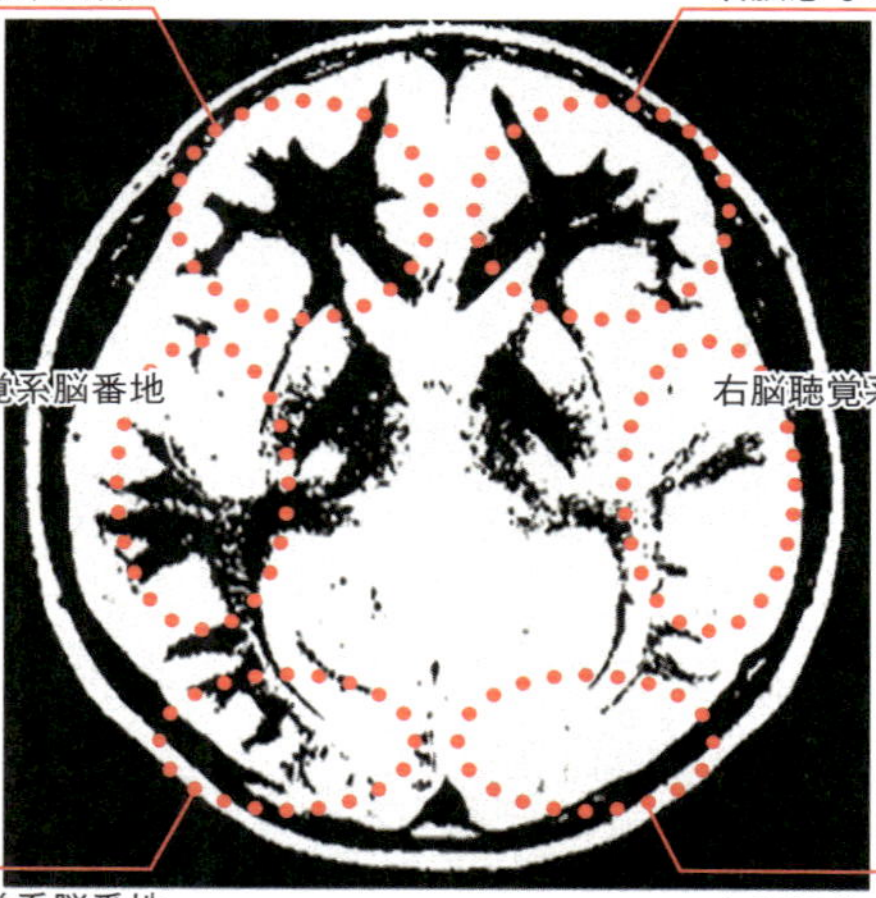
左脳思考系脳番地
右脳思考系脳番地
左脳聴覚系脳番地
右脳聴覚系脳番地
左脳視覚系脳番地
右脳視覚系脳番地

1991年、本書の著者らは、脳が活動中のネットワークを映像化する世界で最初の研究結果を報告。しかし、MRI脳画像では、病気の部位と健常な部位を区別することはできても、病気でない脳の中を区別して可視化することができていませんでした。現在でも、脳ドックと呼ばれるMRIを使った脳の検査は、脳病変を検出する目的で行われています。一人ひとりの「脳の個性」を可視化できたのは2006年のこと。著者自身は単独で、一人ひとりの脳の使い方を可視化する国際特許技術の開発に成功。それが、図に示す枝ぶり脳画像です。

脳の枝ぶりが繋がる脳番地に注目

MRI技術が1980年代後半から盛んになり、子どもの脳の成長を可視化できるようになりました。従来と大きく異なるのは、**脳の枝ぶりが左右非対称に発達している様子が明確に区別できる**こと。脳の枝ぶりの形状は、その表層にある脳番地の発達状態と関係があります。

たとえば、伝達系脳番地の直下の枝ぶりが発達している人は会話や文章作成が得意な傾向にあることが観察されて

枝ぶりと脳番地から機能の発達を推測できる

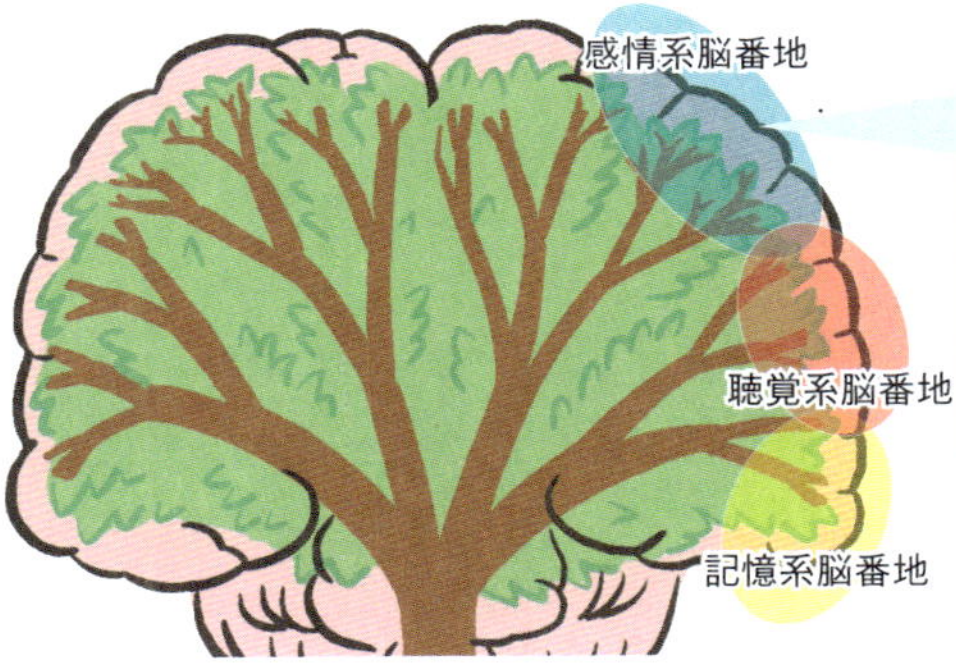

この場合、感情系脳番地はほかの番地に比べ、下層の枝ぶり(白質)が充実している。そのため、感情表現が得意な脳だと言える。

こちらは、記憶系脳番地の下層に位置する枝ぶりが発達している。このことから、記憶に優れた脳だと言える。

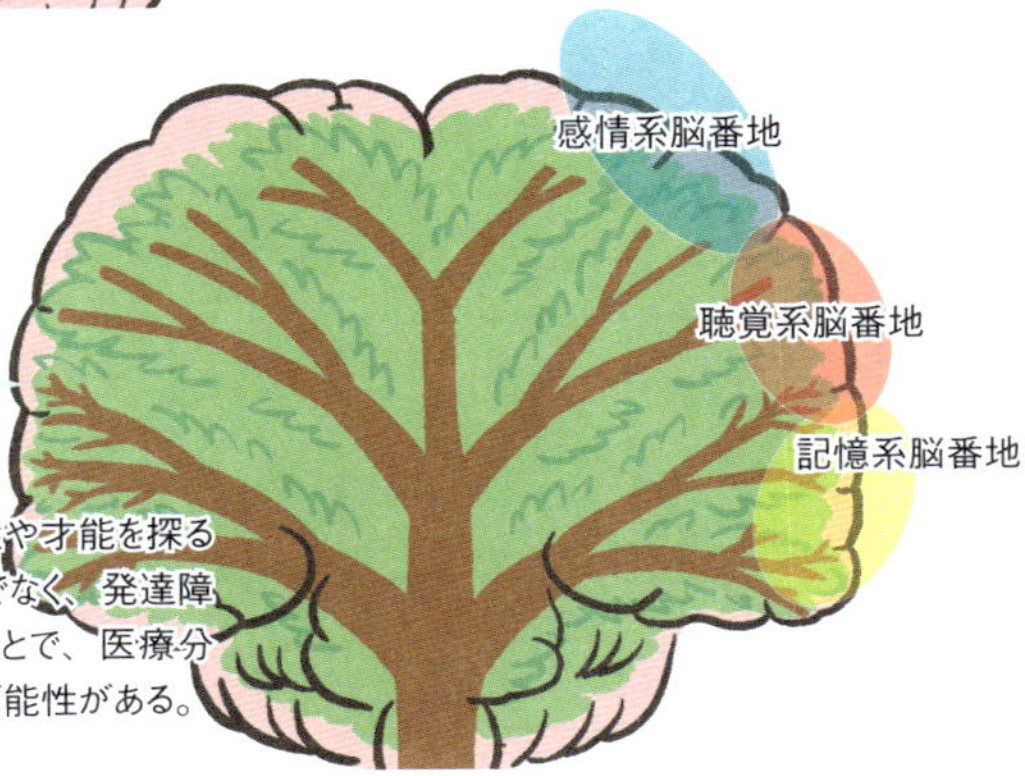

こうした脳の違いは、個人の特性や才能を探る上での重要な手がかりとなるだけでなく、発達障害の関連箇所と照らし合わせることで、医療分野や教育分野においても大きな可能性がある。

います。また、学習や経験によって脳の枝ぶりは変化することもわかっており、これは、脳が持つ「可塑性」と呼ばれる性質によるものです。適切な訓練や教育によって得意分野をさらに伸ばすことが可能なのです。

逆に、あまり使わない領域は未発達なままであるため、自分の不得意分野を補うヒントとしても脳番地の理解は役立ちます。さらに、脳番地と枝ぶりの研究は、**個々の特性に応じた教育やキャリア設計の分野でも有益な指針を提供することが可能**です。

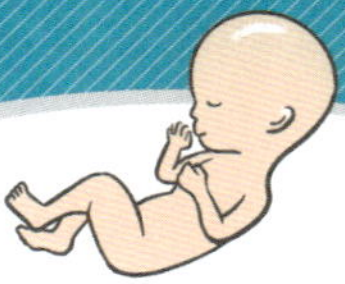

PART 1

脳はすごい

CHAPTER 4

何歳になっても成長できるからすごい

この章でわかること

ヒトの脳はどのような
プロセスで成長するか

ヒトの脳をそのサイズだけに注目すると、3歳児になる頃には大人と同程度の大きさにまで成長します。なんの形もない小さな受精卵から、脳はどのような過程を経て発生し、成長していくのか、そのプロセスをたどります。

年代ごとに変化する
脳の特徴

幼少期に大人のサイズになった脳は、その後どのように変化していくのでしょうか。まだ未熟さの残る思春期に見られる特徴から、成人を迎えて円熟していく脳の成長と変化を解説。その後に控える、大人になってからの脳の成長を知るための基礎知識です。

大人になっても
脳が成長すること

脳が成長するのは何歳までなのでしょうか。ちまたではさまざまな俗説が飛び交っていますが、実際のところは……。40代、50代、そしてその後でも、自分の脳に期待が持てるような事実を、脳科学的な知見から紹介します。

Brain Science

生命誕生から数年で一気に成長
子どもの脳の発達は急速

脳の枝ぶりはいつ決定するのだろうか。ヒトの発生初期から脳の発達過程をたどってみよう。

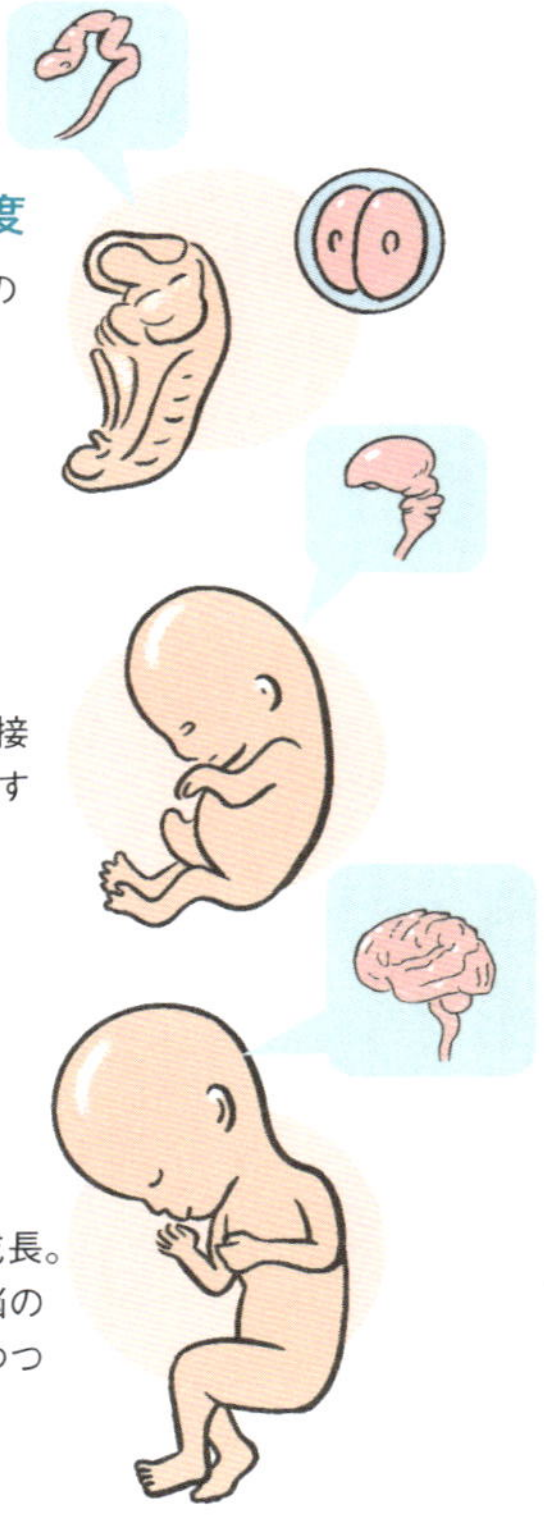

妊娠3〜7週程度

中枢神経および脳の原型ができ始める。

妊娠11週程度

大脳が成長し、体の接触に対して反応を示すようになる。

妊娠5ヶ月〜

大脳皮質が一気に成長。運動系や感覚系の脳の枝ぶりの基礎ができつつある。

3歳までは脳の基礎づくりの時期

ヒトの受精卵が胎児へと成長する過程で、脳の原型ができるのは妊娠3週目ごろ。出生までに一気に大脳皮質が発達し、運動や感覚の基礎づくりが進行。この間に脳の基礎的な部分が成長し、複雑な神経回路が育ちます。そして、**生まれた時には、未発達なが**

受精卵から幼児までの脳の発達

生後１年

シナプスの繋がりが発達し、脳の重量が２倍に。

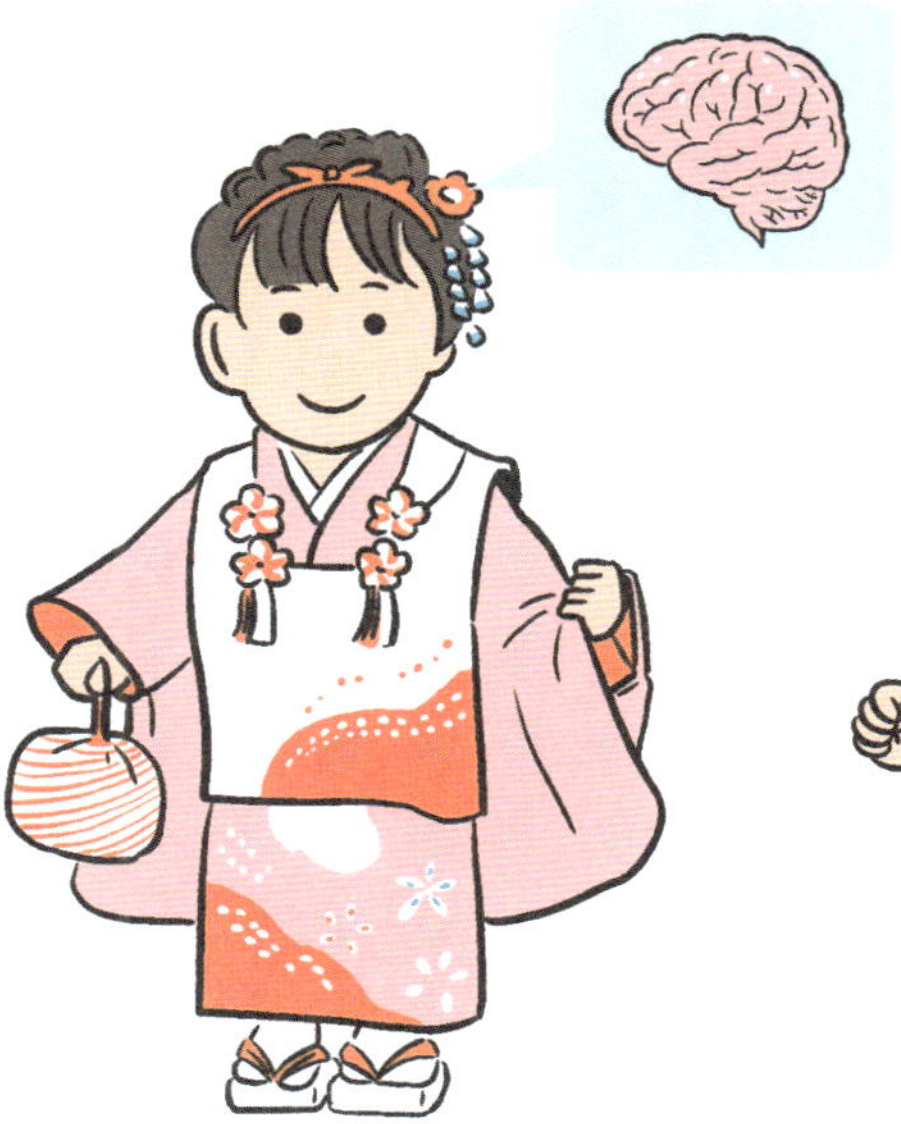

～３歳児

脳のサイズが成人とほぼ同じに。機能は運動や感覚の発達が優先され、感情や判断力などは未発達。

らも成人と同じ数のニューロンを備えているのです。

出生後、おおよそ1歳から3歳までに、脳の重量は1200gほどになり、成人までに1200～1300g程度に達します。しかし、神経回路の形成は未完成。この時期は運動系や感覚系の脳番地が優先的に発達し、外部刺激への反応を通じて基礎がつくられます。たとえば、絵本の読み聞かせで言語系の発達が促され、体を動かす遊びで運動系の発達が進みます。こうした経験が後の学習能力や社会性の基盤となるのです。

Brain Science

脳の成長は後頭部からおでこへ向かう思春期の不安定さは脳の成長順序のせい

ティーンエイジャーの愛すべき不安定さは大人になる直前の、脳のアンバランスさが原因。

大人の脳は、おおむね思考系・理解系脳番地がともに発達している。
本当にその選択でいいのか？
お父さんはアレをコウしてソウした方がいいと思うぞ

わかっているけど わかりたくない

ヒトの脳は出生直後に劇的な成長をとげますが、それ以降も緩やかに成長し続けます。特に、後頭部に位置する理解系脳番地は成長が早く、10代になる頃には十分に発達。いわゆる、〝ものごころが付いた〟状態になります。一方で、未発達な部分も残っており、

未発達な脳で起こる思春期の不安定さ

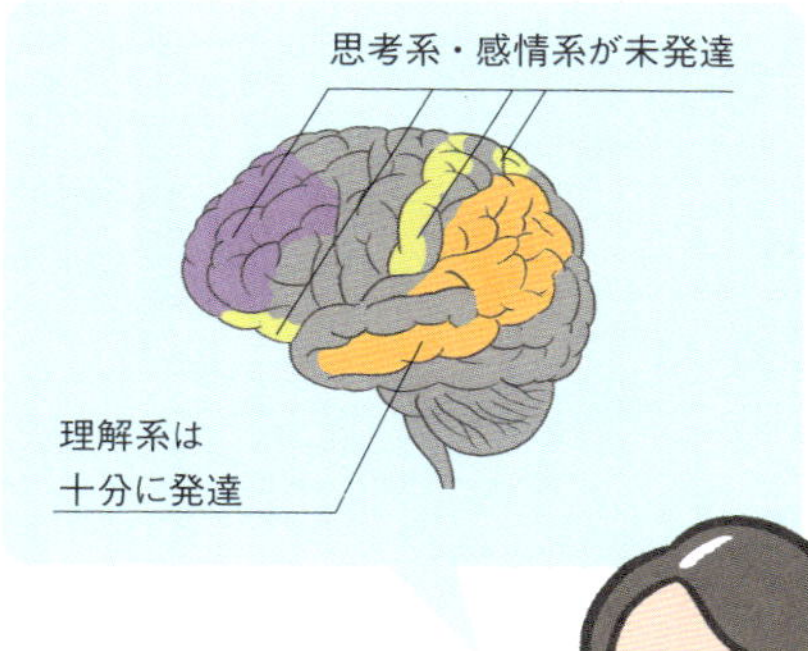
思考系・感情系が未発達
理解系は
十分に発達

脳の成長は後ろから前に向かって進行する。10代前半は理解系脳番地が発達している一方で、思考系・感情系脳番地が未発達で、感情を制御できないアンバランスな状態。思春期の不安定さは脳の成長に起因している。

うざったいな
ほっといてよ！
アドバイス通りにした方がいいのはわかるけど、
親の言うこと聞くのは
なんか癪なんだよな

特に思考系や感情系脳番地は成長が緩やか。そのため、「理解できるけど判断力や思考力が追いつかない」という、アンバランスな状態に陥りやすくなります。**思春期に特徴的な感情の揺れや過剰反応の原因は、脳内の成長スピードの違いにあった**のです。

脳の成長はまんべんなく進行するのではなく、おおよその傾向として脳の後ろ側からおでこに向かって進みます。思春期の不安定さは一時的なもので、適切な助言や支援によって成熟した思考力が育ち、感情制御が可能になります。

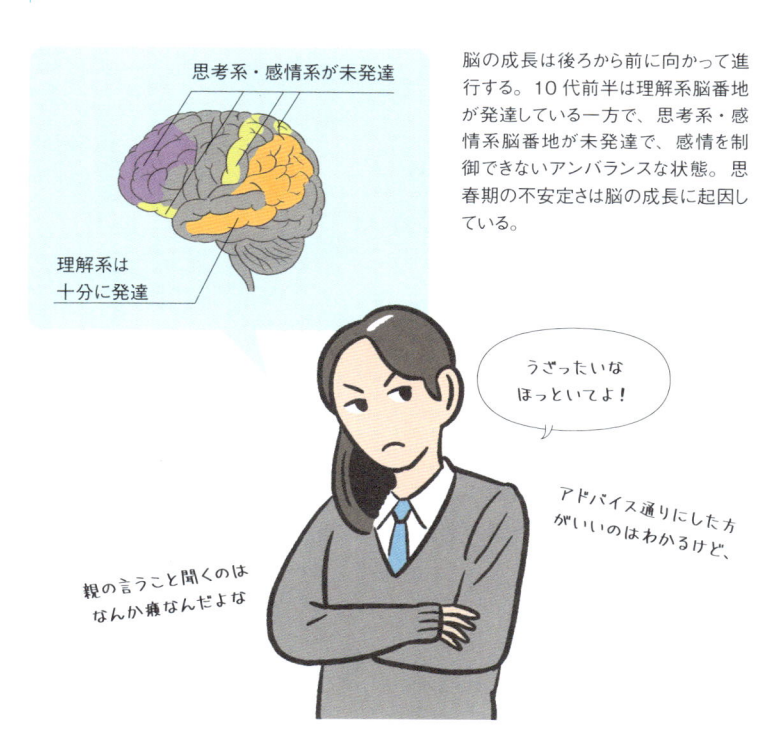

Brain Science

実は脳の成長期は長い！大人の脳の成長

体の成長は成人前後でストップ。しかし、脳の成長はもう少し長く続く。

大人になったら
勉強とは
おさらばだぜ！

一般的には、大人の脳は成人したら成長が止まると思われているが…

いや待て。
脳の成長ピークは
まだ先らしいぞ！
左ページを見てみろ！

脳の枝ぶり発達はなんと40代がピーク

一般的には「脳の成長は若いうちまで」と誤解されがちです。この誤解が大人になってから新たなチャレンジに踏み出す際の足かせになることもあるでしょう。しかし、実際は**成人後も脳の成長は続く**のです。特に**脳の枝ぶりを構成する白質は、40代まで増加**

年齢で見た脳の白質と皮質の成長

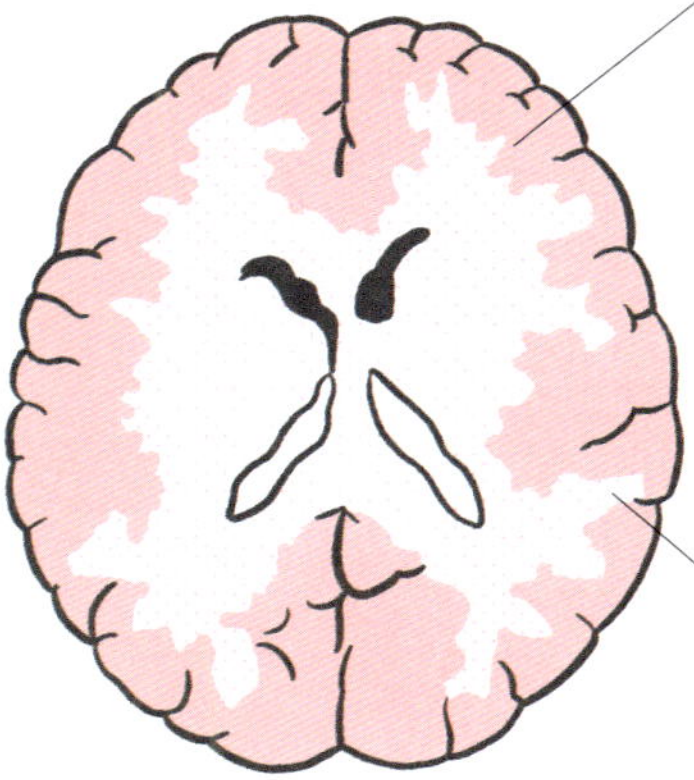

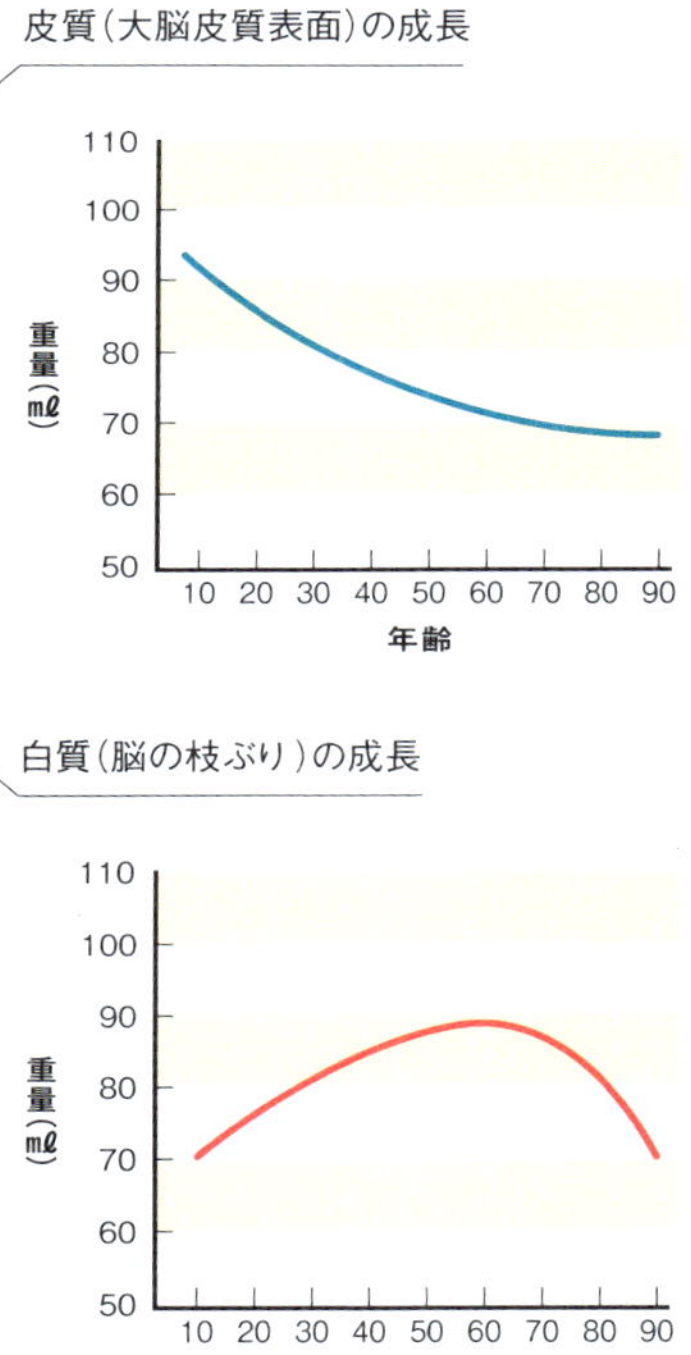

右は大脳の皮質と白質の成長を示した簡易的なグラフ。大脳の皮質は早い段階で成長しなくなるが、白質は60代まで成長を続けていることがわかる。つまり、脳の枝ぶりは成人後も成長を続けるのだ。

することが確認されています。この事実は、大人になってからの学びや経験も、脳に大きな影響を与えることを示しています。つまり、**適切な刺激や訓練によって新しいスキルを身につけたり、既存の能力を強化することが可能**だということです。

しかも、脳の成長は外部からの刺激に対応した領域が特に促されます。たとえば、語学を学べば言語系脳番地に関連する枝ぶりの成長が活性化され、日常的な会話や仕事上のプレゼンテーションなどにも好影響となるでしょう。

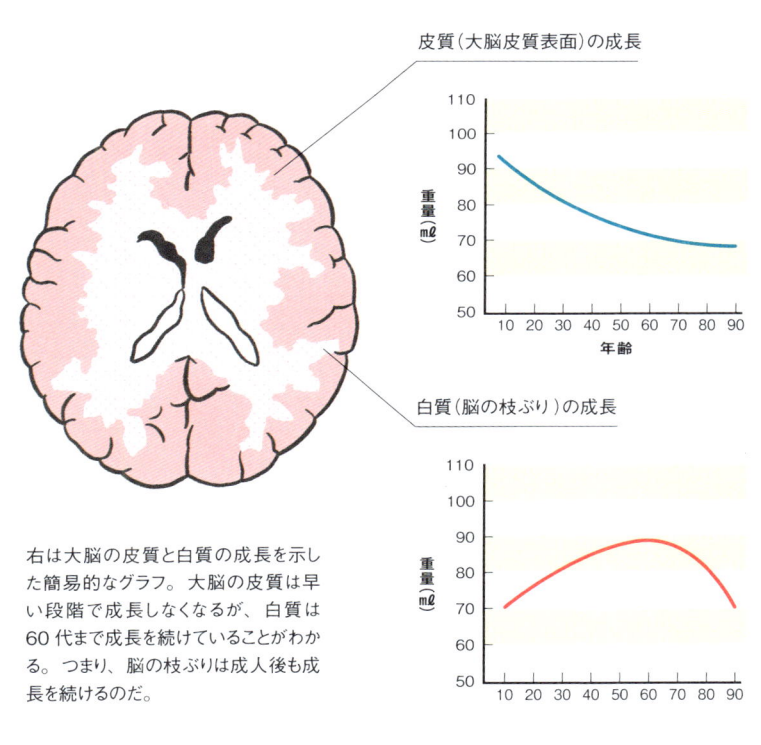

Brain Science

50代以降は「脳の最適化」のフェーズへ

十分成長した脳は手をかける必要なし？
50代の脳に必要なメンテナンスとは。

脳の枝ぶりを育てることは、盆栽を育てることに似ている。きちんと手入れをしないと、全体的に枝葉が枯れてしまう。

残すべき大事な枝を見極める時期

脳の白質は40代に成長のピークを迎えますが、それ以降は衰える一方なのでしょうか。決してそんなことはなく、**50代以降は「最適化フェーズ」に移行する**のだと考えることができます。

この段階では、刺激の少ない脳番地の枝ぶりは老化が進

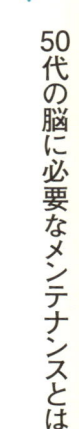

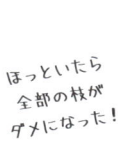

脳の成長を盆栽にたとえると…

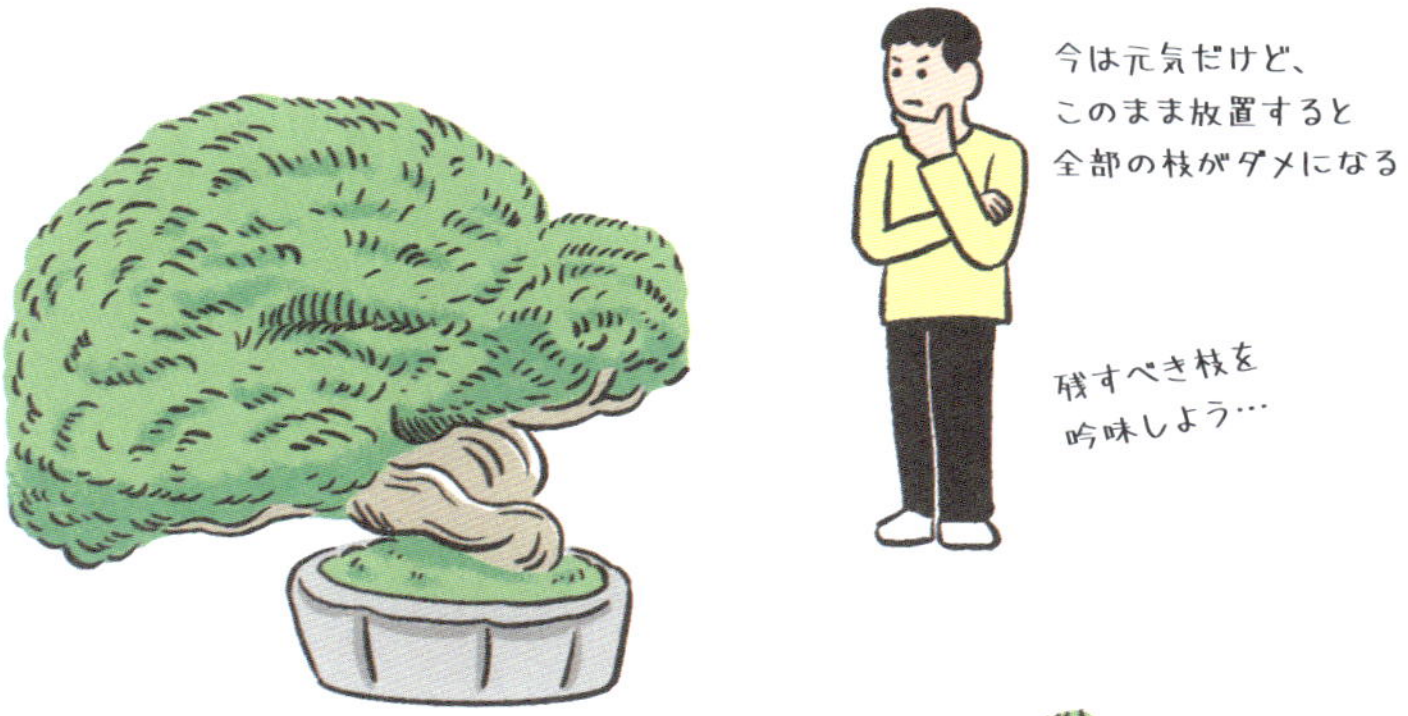
今は元気だけど、
このまま放置すると
全部の枝がダメになる
残すべき枝を
吟味しよう…

残したい枝に栄養が行き渡るようにメンテナンスすることで、立派な盆栽となる。脳の枝ぶりも、「どの脳番地の枝ぶりを残すか」という視点で脳を最適化していく必要がある。

みやすくなりますが、一方で刺激の多い脳番地の枝ぶりは維持されます。つまり、より専門的な情報処理に特化した脳になっていくということです。一度全体的に大きく成長させた枝ぶりから、より洗練された形に枝を残していく過程は、まさに盆栽をつくる様子にも似ています。

盆栽では残すべき枝に栄養を集中させるために手入れするように、**脳の枝ぶりも残したい枝を意識して最適化していくことで、「なりたい自分の姿」に近づいていくことができます。**

PART 1

脳はすごい

CHAPTER 5

自分でも育てられるからすごい

この章でわかること

体の健康が
脳に与える影響

脳は何歳になっても成長の余地があります。「じゃあ、早速脳のトレーニングを実践していこう!」と考えるその前に……。脳は広い意味では臓器の1つ。体の健康の上に脳が成り立っています。脳と体の関係について、基本的な解説をしていきます。

脳を鍛える上で
意識すべきこと

体と脳の健康について、基本的な部分を理解できたら、特におさえておくべきポイントを知っておくと良いでしょう。脳の活動を維持するための睡眠についてや、脳の働きを促す栄養について解説していきます。

脳番地ごとの機能と
そのトレーニング方法

脳を鍛える上で、大きな指標となるのがCHAPTER3で紹介した脳番地。「運動系」「理解系」のように機能ごとに区分されているので、まずは自分が鍛えたい能力を見定めましょう。各脳番地の特徴と、具体的なトレーニングメソッドを紹介します。

Brain Science

脳力アップの前に知りたい 脳の健康と体の健康の相互関係

脳と体の健康は密接に関係。
脳力アップを目指す前にやるべきこととは。

脳と体は互いに影響を与える関係

脳と体は切り離して考えることはできません。**体の健康状態が脳の働きを左右する一方で、脳が体にも大きな影響を与えます**。脳の疲労は体に「慢性疲労」「頭痛」「冷え」などの不調をもたらし、一方で体の不調は脳に「集中力低下」「不安障害」などの悪影

【不健康な脳習慣】

脳が体に与える影響

慢性疲労、頭痛、腰痛、冷え、不眠

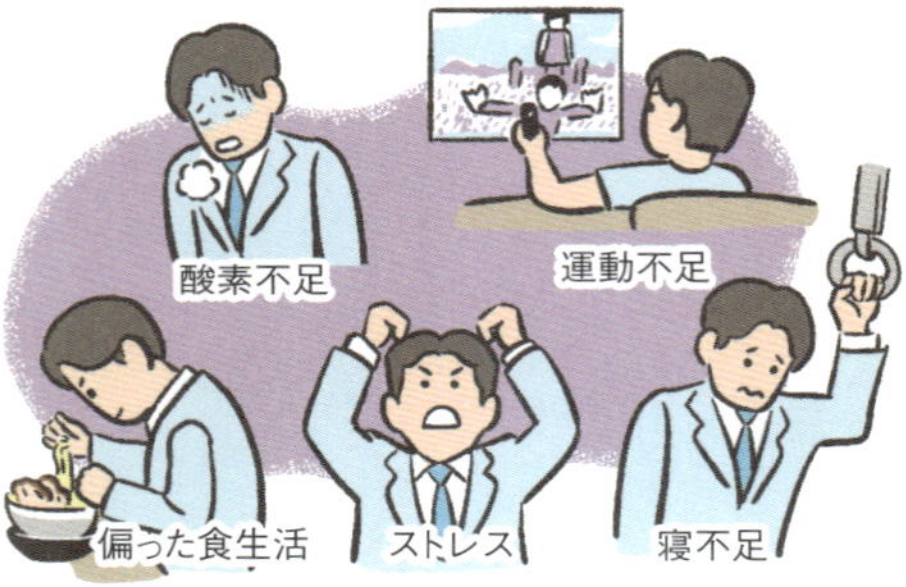
酸素不足
運動不足
偏った食生活
ストレス
寝不足

体が脳に与える影響

自制心の乱れ、集中力低下
うつ病、不安障害

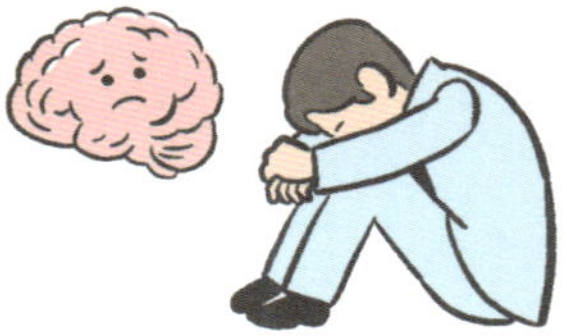

【健康な脳習慣】

脳が体に与える影響

活性化、認知機能向上、ストレス軽減

新しい刺激
マインドフルネス
十分な睡眠
1日40分の運動

体が脳に与える影響

運動能力向上、疾病リスク低下

ビタミン
ブドウ糖
タンパク質

響を与えます。この悪循環を防ぐには、健康的な生活習慣を取り入れることが重要です。日々の健康習慣が、**脳と体のバランスを保つ鍵**となります。

　不規則な生活や運動不足、睡眠不足などの不健康な習慣は、脳の働きを鈍らせてしまいます。運動やバランスの取れた食事、十分な睡眠を意識することで、脳のパフォーマンスを効率的に高めることが可能です。

　脳と体の不調にはさまざまな要因があるのです。

腸内環境の乱れが脳の不調に？ 脳腸相関でみる脳と体の関係

酸素、BDNF

酸素は脳のエネルギー生成を支え、BDNF（脳由来神経栄養因子）は脳細胞の成長や修復、記憶力の向上を助ける重要な物質。有酸素運動を取り入れることで、酸素供給とBDNF分泌が促進され、脳機能が活性化。

ブドウ糖、栄養素

ブドウ糖は脳が活動するための唯一のエネルギー源。甘いものではなく玄米や全粒粉などの低GI食品（大豆、葉物野菜など、血糖値の上昇がゆっくりな食品）を摂ると、血糖値が安定し脳の働きが向上する。

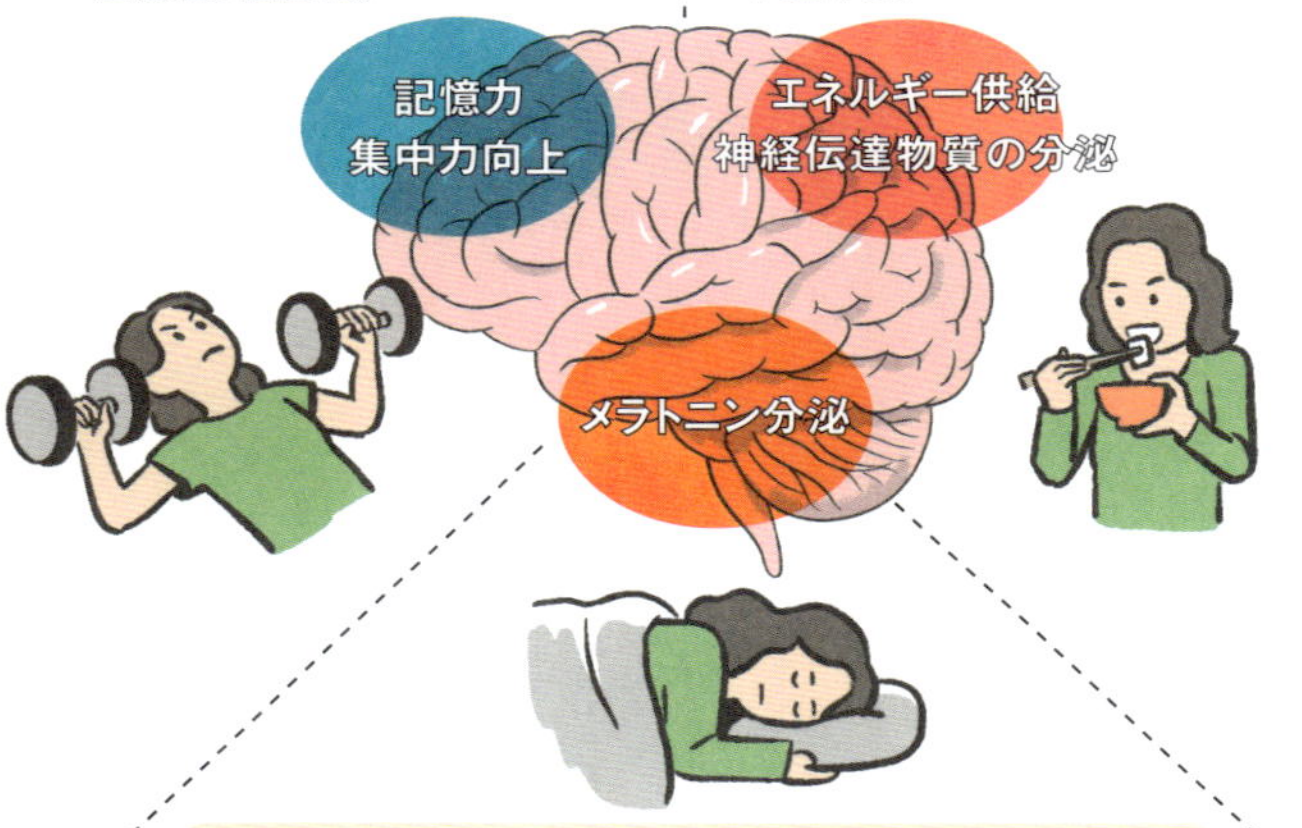

記憶力
集中力向上
エネルギー供給
神経伝達物質の分泌
メラトニン分泌

トリプトファン

トリプトファンはセロトニン（気分安定やストレス緩和に関与）の材料で、睡眠ホルモン「メラトニン」にも変化。鶏肉、卵、大豆製品、バナナなどから摂取可能で、気分の安定や睡眠の質の向上をサポートする。

まずはお腹の健康から整えるべき

脳を健康に保つためには体の健康が大前提です。その中でも**特に意識すべきなのが腸の健康**です。日々の食事や睡眠、ストレス管理が整っていれば、体内で生成される物質が腸内環境を良好にし、その結果、脳の健康を支え、集中力や感情の安定が維持されます。一方で、偏った食事や睡眠不足、過度なストレスが続くと腸内環境が乱れ、必要な物質が不足してしまいます。**「脳腸相関」と呼ばれる脳と**

【脳腸相関の仕組み】

脳の不調は腸で感じやすい!

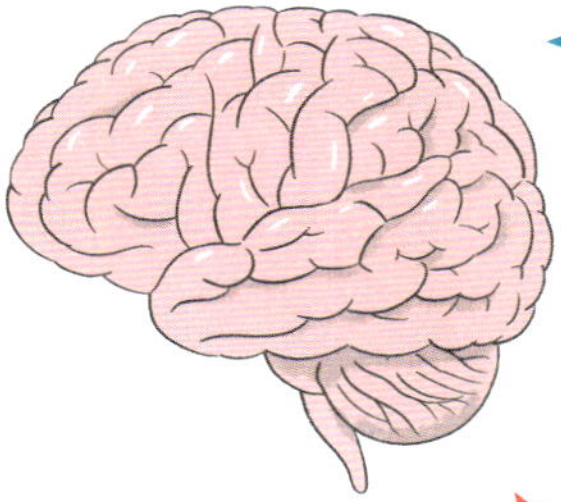

ストレス

脳でストレスが生じると、腸のぜん動運動が低下し、消化不良や腸内バリアの機能が低下。これが腸の働きに悪影響を及ぼす。

遠心性神経

脳から腸に指令を送る神経。ストレスや不安が脳で発生すると、腸の動きが乱れ、下痢や便秘、腸内環境の悪化などを引き起こす可能性がある。

求心性神経

腸から脳に情報を伝える神経。腸内環境が乱れると、炎症物質が脳に悪影響を与え、不安感や集中力低下、ストレス耐性の低下に繋がることがある。

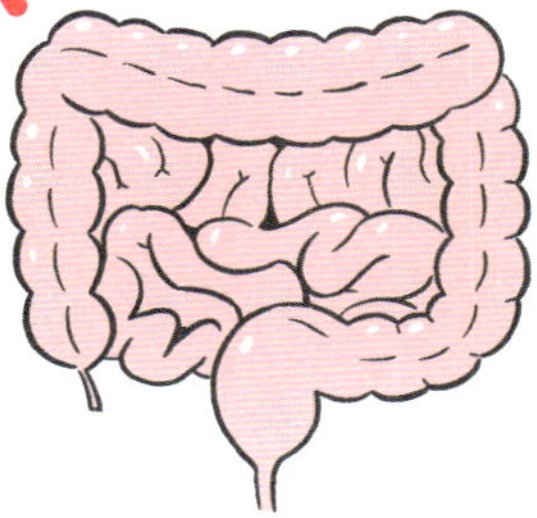

腸内環境の乱れ

腸内細菌が乱れると、脳に必要な神経伝達物質の材料（セロトニンなど）が不足し、不安やうつ症状、睡眠障害などの脳の不調を招く。

腸の密接な繋がりが働くことで、腸内環境の乱れが脳に直接的な悪影響を及ぼすということです。

腸内環境の悪化は脳の不安感やストレスを増幅させ、脳から腸への指令も不安定になり、消化機能が低下。これにより、腸内環境がさらに悪化し、負のサイクルが生まれてしまいます。脳と腸は神経を通じて互いに影響を与え合うため、どちらかが不調に陥ると悪循環を引き起こしてしまうのです。

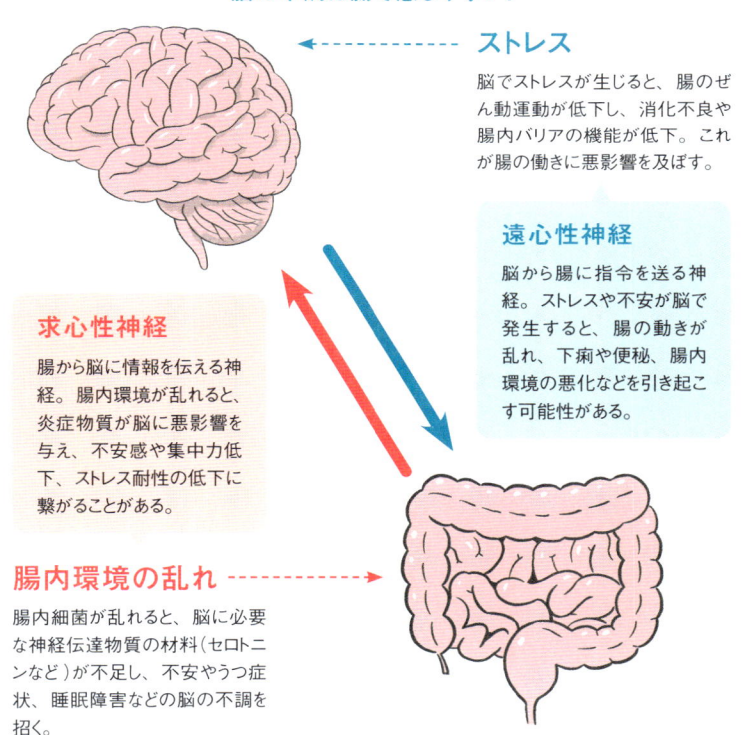

脳の快適さに欠かせない睡眠中の大事な2つの脳の使い方

レム睡眠

睡眠中においても、体の筋肉の緊張は低下するが、脳は活動的な状態。記憶の整理や体のリラックスが行われる。翌日に必要な準備をしていて、日々の体験が再構築され、重要な情報を脳から引き出しやすくしている。

ノンレム睡眠

深い眠りの状態で、脳の休息と体の修復が行われる。成長ホルモンの分泌や脳の老廃物の除去が進む時間。不足すると疲労が取れず、免疫力や体の回復力が低下してしまう。記憶の定着にも関係している。

「サーカディアンリズム」という約24時間の睡眠リズムが、睡眠のタイミングや質を調整。朝に太陽光を浴びることでこのリズムが整い、夜に良質な睡眠を得やすくなる。

脳と体の健康を守る睡眠の重要性

睡眠は、脳が休息と修復を行い、私たちの体と心の健康を維持するプロセスです。睡眠は「レム睡眠」と「ノンレム睡眠」という2つの状態が交互に現れ、それぞれ異なる役割を担っています。これらの睡眠サイクルは「概日リズム」と呼ばれる体内時計の影響を受けており、このリズムが乱れると睡眠の質が低下し、脳や体にさまざまな不調が現れることがわかっています。

質の良い睡眠は、脳内の老

【睡眠の役割】

情報の整理

日中に得た情報を整理し、短期記憶を長期記憶に定着させる。学習やスキルの向上がスムーズに進む。

ホルモン調節

成長ホルモンやストレスホルモンの分泌を調整。体の修復や代謝向上に役立ち、ストレスに強い心身を保つ。

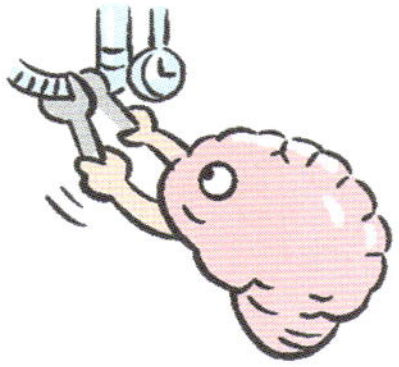

老廃物を流す

睡眠中に脳内の老廃物を排出する仕組みが働く。脳がクリアな状態となり、思考力や記憶力が維持される。

脳に良い睡眠

質の良い睡眠を得るには、朝に太陽光を浴びて体内時計をリセットし、夜はデジタルデバイスの明かりを避けることが重要。また、適度な運動やリラックスできる習慣を取り入れ、寝る前に心を落ち着かせる環境を整えるべき。脳番地トレーニングや読書、ストレッチなどを行うと、さらに深い眠りを促進できる。

- **日中、光を浴びる**
- **夜はデジタルデトックス**
- **短時間睡眠はなくす**
- **脳番地トレーニングを行う**

→ P.98

廃物を排出する働きを活性化させ、脳をクリアな状態に保ちます。また、睡眠中に成長ホルモンやストレスホルモンの調整が行われるため、体の修復や免疫力向上、ストレス耐性の向上に繋がります。一方で、**睡眠不足や質の悪い睡眠が続くと、老廃物が蓄積して認知症のリスクを高めるほか、集中力や記憶力の低下、免疫力の低下をまねくことに。**

リラックスできるルーティンや、ストレス軽減のための習慣を取り入れて、深い眠りを得るようにしましょう。

食生活で脳の若返りも　脳に必要な栄養／脳が喜ぶ栄養

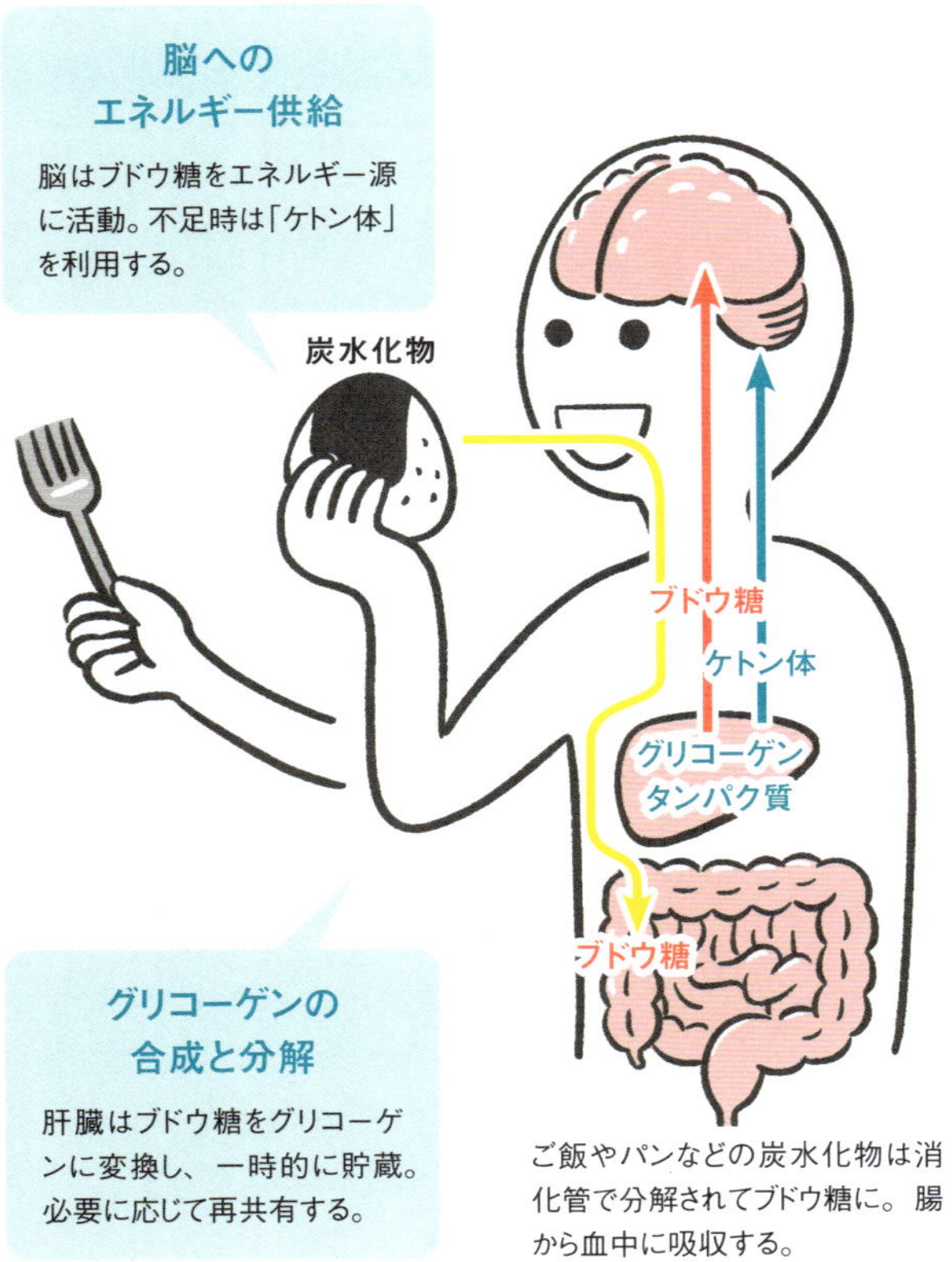
脳への
エネルギー供給
脳はブドウ糖をエネルギー源に活動。不足時は「ケトン体」を利用する。
炭水化物
ブドウ糖
ケトン体
グリコーゲン
タンパク質
ブドウ糖
グリコーゲンの
合成と分解
肝臓はブドウ糖をグリコーゲンに変換し、一時的に貯蔵。必要に応じて再共有する。

ご飯やパンなどの炭水化物は消化管で分解されてブドウ糖に。腸から血中に吸収する。

脳の健康には食材と食べ方の意識が大切

脳の健康を保つためには、食材だけでなく食べ方や習慣も重要。脳が唯一利用できるエネルギーであるブドウ糖は、血糖値を安定させる形で摂取することが大切です。玄米や大豆など、ゆっくり吸収され血糖値が上がりにくい低GI食品を選ぶと脳へのエネルギー供給が持続します。一方で、糖分の過剰摂取は糖化を引き起こし、脳の老化や機能低下のリスクを高めますので十分に注意しましょう。

ビタミン

ビタミンB群（特にB_1、B_6、B_{12}）は神経伝達物質の合成に不可欠で、脳のエネルギー代謝を支える。また、ビタミンEやCは抗酸化作用を持ち、脳細胞の老化を防ぐ。緑黄色野菜や果物、卵、豚肉などに豊富。

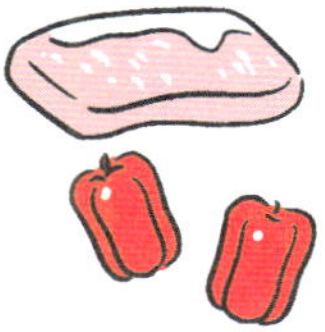

脂質

脳の60%は脂質で構成されている。特にオメガ3脂肪酸（DHA・EPA）は神経細胞の膜を強化し、認知機能や記憶力を向上させる。青魚、アボカド、ナッツ類が豊富な供給源。

カルシウム ヨウ素など

カルシウムは神経伝達の円滑化に欠かせないミネラルで、脳が適切に情報を送受信するのを助ける。ヨウ素は甲状腺ホルモンの生成を支え、新陳代謝や集中力を促進。これらは乳製品、海藻類などから摂取できる。

脳に良い食生活

食事中は意識的に「良く噛む」ことで脳に酸素を供給し、満腹中枢を刺激して過食も防ぐ。また、夜7時までに夕食を済ませると、消化活動が効率化され、睡眠の質が向上。さらに、調理は脳番地をフル活用する絶好のトレーニング。献立を考える計画力、手順を組み立てる論理性、味見を通じた感覚刺激が、脳を活性化する。

- 意識的に良く噛む
- 夜7時までに済ませる
- 料理で脳番地をフル活用

脳の働きを維持するためには、ブドウ糖以外にも、カルシウムやヨウ素、脂質（特にオメガ3脂肪酸）、ビタミンB群など、多くの栄養素が必要です。これらを含む食品をバランス良く摂取することで、記憶力の向上をはじめとした脳機能の向上が期待できます。また、食事中に意識的に「良く噛む」ことも大切です。脳への酸素供給が増え、満腹感が得られるため食べ過ぎも防ぎます。さらに、夕食は夜7時までに済ませることで、消化を助けるとともに、睡眠の質を高めることができます。

Brain science

COLUMN

もっと知っておきたい睡眠と脳の話

体内時計がスマホで狂う!?

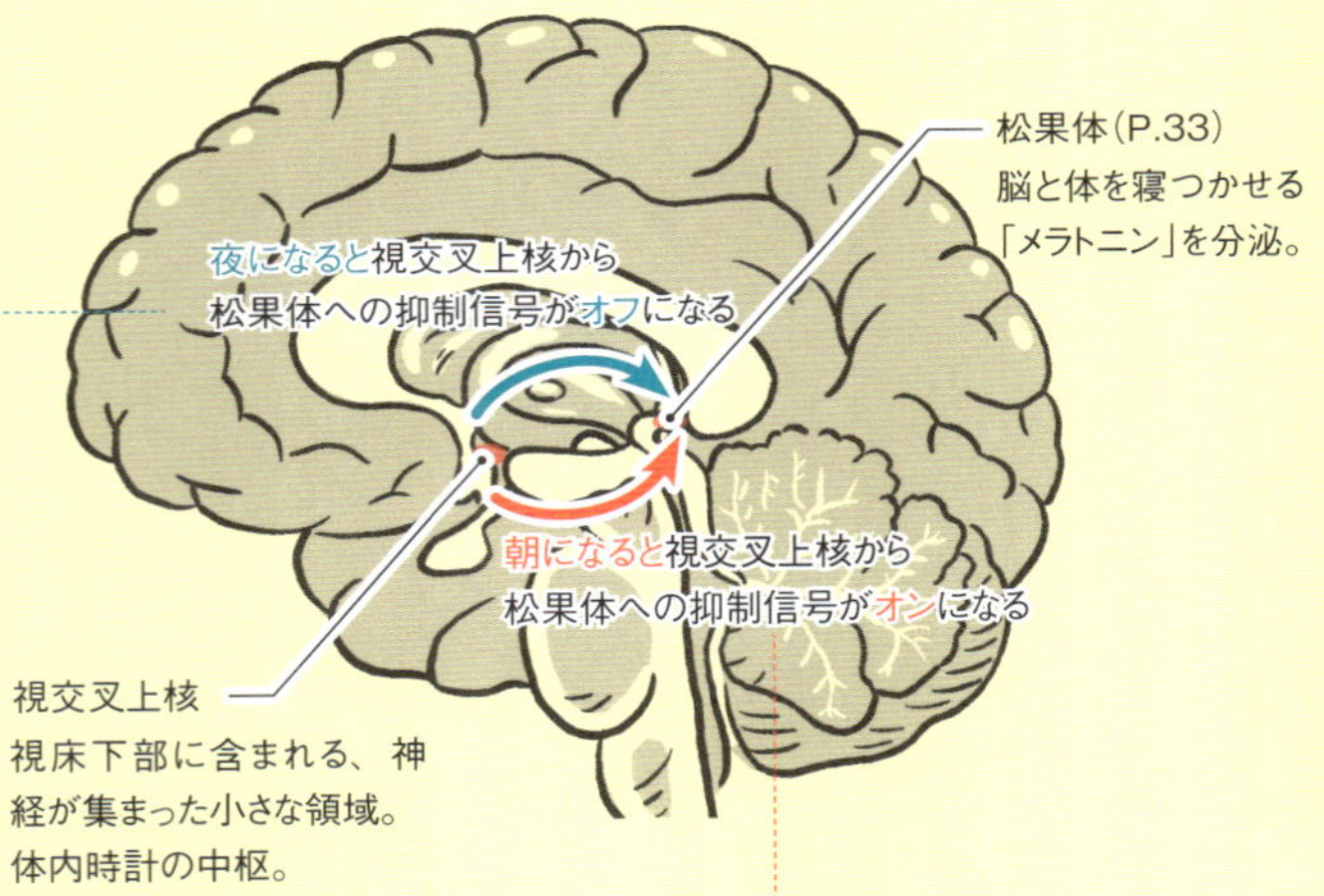
松果体(P.33)
脳と体を寝つかせる「メラトニン」を分泌。
夜になると視交叉上核から松果体への抑制信号がオフになる
朝になると視交叉上核から松果体への抑制信号がオンになる
視交叉上核
視床下部に含まれる、神経が集まった小さな領域。体内時計の中枢。

就寝時のスマホは睡眠に悪影響。そんな話はいまさら気にしていない人が多いのではないでしょうか。しかし、睡眠の仕組みを少し紐解くと、それが事実だとわかります。

私たちの睡眠は、図に示したように「視交叉上核」という部位を中心とした体内時計が制御しています。実は、この体内時計は約25時間サイクルで回っていると言われており、そのままでは徐々にズレてしまいます。そのため、毎日ズレの修正が必要です。その指標として特に重要なのが朝日。朝の陽の光が目に入る

睡眠に向かう時

平時は、視交叉上核が松果体のメラトニン分泌を抑制している。

1. 松果体がメラトニンを分泌

目覚めてから約 14 ～ 16 時間が経過すると（暗くなると）、
視交叉上核の抑制が外れ、松果体がメラトニンを分泌。

2. 覚醒系ネットワークが抑制される

メラトニンの作用で視床下部・脳幹の覚醒系ネットワークが抑制される。

3. おやすみなさい

脳が睡眠モードに切り替わり、副交感神経が優位になる。

覚醒に向かう時

メラトニンの分泌量は入眠後約 1.5 ～ 3 時間でピーク。その後徐々に低下。

1. 松果体を抑制

視交叉上核が体内時計に則り、
入眠後 6 ～ 8 時間が経つと（明るくなってくると）松果体にメラトニン抑制を指示。

2. 覚醒系ネットワークへの抑制が外れる

それまで抑制されていた覚醒系ネットワークが活性化。

3. おはようございます

朝方にかけて、覚醒ホルモンが分泌され、完全な覚醒へ向かう。

ことで、体内時計のズレがリセットされ、その正確さを保つことができます。また、夜に眠くなるのも体内時計によるものですが、暗くなること自体も体内時計に補助的に作用します。

　つまり、夜間に目に入る強い光は、体内時計を狂わせる要因になるということ。スマホに限らず、モニターや部屋の明かりなども例外ではありません。これは世間で指摘されて久しい話題ではありますが、脳科学的に見直してみることで、その重要さがよりわかるようになるでしょう。

Brain Science

クセと個性を活かして伸ばす 脳番地別トレーニング

脳はまるでチームのように働く組織。それぞれの特性を理解して、効率的なトレーニングを。

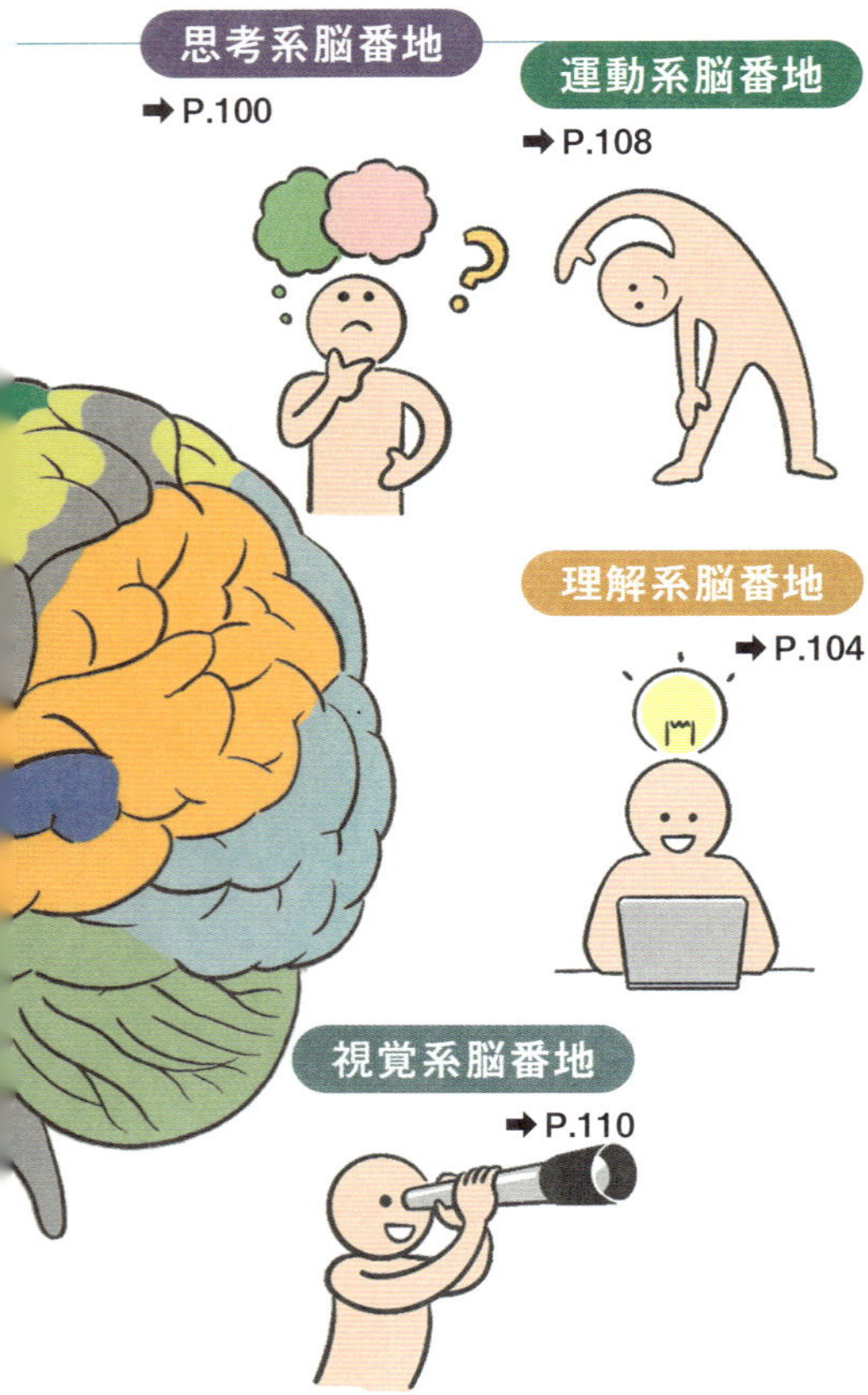
思考系脳番地
➡P.100
運動系脳番地
➡P.108
理解系脳番地
➡P.104
視覚系脳番地
➡P.110

脳番地トレーニングは組み合わせが効く！

脳はそれぞれの機能に特化した「脳番地」で構成されており、これらが協力して働いています。**現代の脳科学では、脳力を高める鍵は脳細胞そのものを鍛えることではなく、脳内ネットワークの発達にあるとされています**。つまり、特定の脳番地だけを鍛えるの

脳番地トレーニング３つの共通ポイント

繋がりが大事

脳は孤立して働くことはなく、繋がりを深めることで効率がアップ。複数の脳番地を組み合わせたトレーニングを意識するべき。

褒めると伸びる

「やればできる」とポジティブな自己評価を持つことが、脳を活性化。目標を達成したら自分を褒める習慣を。

脳のクセを知る

自分の脳番地の強みや弱みを理解すれば、トレーニングが効率的になる。次ページ以降にある各脳番地の特性を参考に。

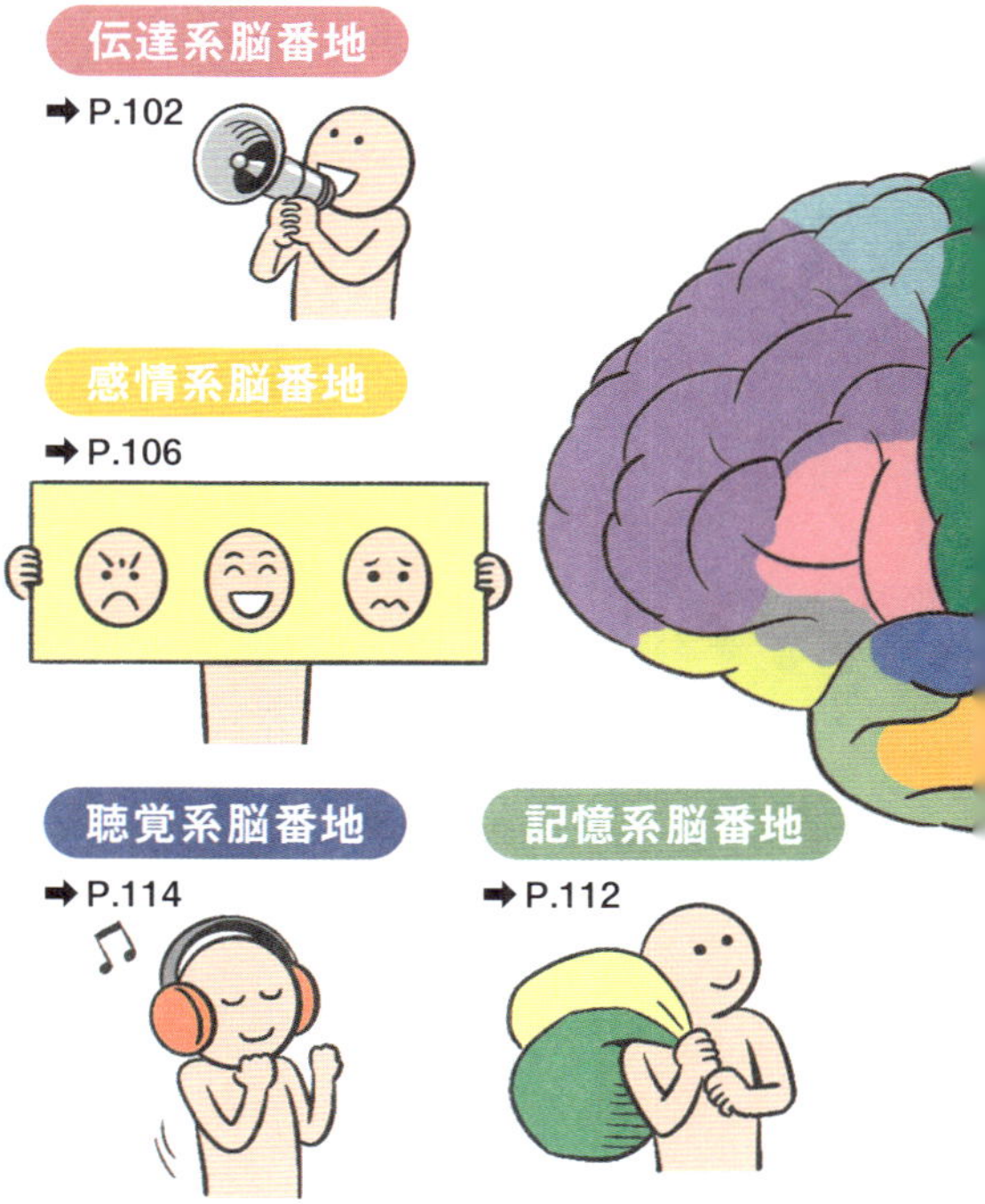

伝達系脳番地
➡P.102
感情系脳番地
➡P.106
聴覚系脳番地
➡P.114
記憶系脳番地
➡P.112

ではなく、それらの連携をスムーズにすることが効果的だということ。たとえば、感情系脳番地と伝達系脳番地を一緒にトレーニングすることで、共感力とコミュニケーション能力の両方を高められます。

さらに、脳番地ごとの個性や関係性を把握することで、自分の得意分野を活かしながら、弱点を補うことが可能になります。「視覚系が得意なら図解を使って学ぶ」「記憶系が弱いなら反復練習を増やす」など、自分に合ったトレーニング方法を選ぶのがポイントです。

Brain Science

意思決定を担う脳の総司令 思考系脳番地の鍛え方

該当部位

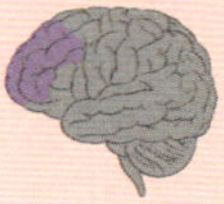

前頭葉の左右両側に位置。左脳では論理的思考や計画の立案、右脳では創造的な発想や柔軟な思考を担当。バランス良く鍛えることで、論理と直感の両方を活用できるようになる。

決断力の要

思考系は「選ぶ力」を司っており、意思決定の質を左右する。迷った時に決断を下せる力や、選択肢を適切に絞り込む力が、この脳番地の発達によって養われる。

目標達成をかなえる

思考系を鍛えると、物事を多角的に見る力や状況に応じた柔軟な対応力が育まれる。これにより、難しい問題に対しても適切な判断ができるようになり、効率的に目標を達成できるように。

情報入力系と連携

思考系は、五感を司る脳番地（視覚系、聴覚系など）と密接。五感を活用するほど、思考系脳番地が必要とする情報が集まりやすくなる。

鍛えるメリット

- ✓ 情報を柔軟に処理できる
- ✓ 意思決定力が上がり、目標実現に近づく

脳の働きを効率化する司令塔たる思考系

思考系脳番地は、私たちの意思決定や目標達成を支える「脳の総司令塔」。さらに多角的な視点を持つ力や柔軟な対応力を育む役割も担っています。前頭葉の左右両側に位置し、左脳では主に言語を使って論理的思考や計画を立てる機能、右脳では主にイメージを使って発想力や創造的思考を担当しています。

また、五感を司る脳番地（視覚系、聴覚系など）と強く連携。具体的な目標や計画を立

“思考系”を鍛えるトレーニング

足腰のツボをマッサージする

足腰の血流を良くすることで脳全体の活性化を促し、思考系脳番地の働きが向上する。

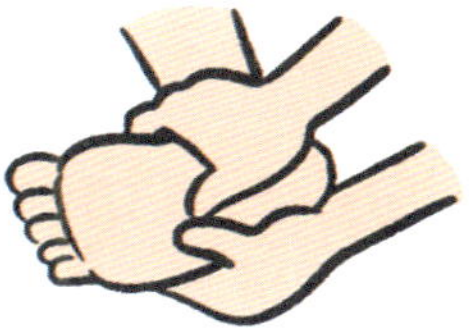

自分の意見に対する反論を考える

あえて自分の意見に反対の立場を取る練習を行う。物事を多角的に見る力と論理的な思考力を鍛えることができる。

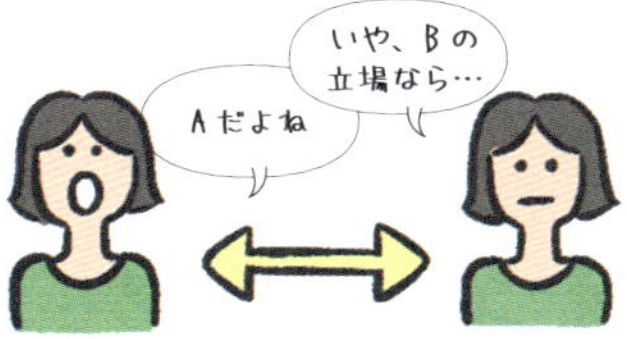

1日の目標を20文字以内でつくる

その日嬉しかったことや良かった出来事を短く記録する。脳がリフレッシュされて、思考系が活性化する。

寝る前に3つのことを記録する

その日の出来事や感謝したいことを3つ書き出す習慣を持つことで、脳がポジティブに情報を整理しやすくなる。

て、それに基づいて的確な指示を出すことで、五感を活用した有用な情報が集められやすくなります。たとえば、何かを達成したい時に、「何を」「いつまでに」「どのように」行うかを明確にすることで、脳全体が効率良くその目標に向かって動き始めます。

脳をより効率的に使うためには、さまざまな脳番地と繋がりの深い、思考系を鍛えることが不可欠。思考系を活用した生活を送ることで、意思決定の質が向上し、人生の選択肢をより広げることができます。

情報発信を担う脳の広報 伝達系脳番地の鍛え方

該当部位

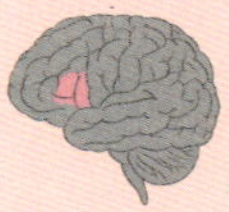

前頭葉に位置。言語的な表現を担う左脳の伝達系は運動性言語中枢※と深く関係し、非言語的な右脳の伝達系は感情や直感的なコミュニケーションをサポートする。

他の脳番地との連携

伝達系脳番地は、記憶系、視覚系、聴覚系、理解系などの脳番地と密接に連携。これにより、話す内容を記憶し、視覚情報を取り入れ、相手の反応を理解する力が生まれる。

聞く力の重要性

伝える力を磨くには、相手の話を聞く力も必要。伝達系脳番地は、傾聴を通じて刺激され、相手の意図をくみ取る力が伝達力をさらに高める。

言語と非言語のバランス

左脳で言語的表現を磨き、右脳で表情や身振りといった非言語的表現を鍛えることで、伝達系脳番地は最大限に活用される。このバランスが円滑なコミュニケーションの鍵。

鍛えるメリット

- 伝えたいことをうまく伝えられる
- 人の話を傾聴できる

伝えることは聞くこと コミュ力を担う伝達系

伝達系脳番地は、コミュニケーションや情報発信を担う、脳の「広報」的な役割を果たす部分です。この脳番地は、言語での表現を司る左脳の伝達系と、表情や身振りなどの非言語コミュニケーションを司る右脳の伝達系に分かれています。**効果的に自分の考えを伝えるためには、これらをバランス良く鍛えることが重要**となります。

また、伝達系脳番地は他の脳番地とも深く連携。たとえ

※ブローカ野とも呼ばれ、伝達系と同じ領域に位置。発話する、書く、話しの抑揚などを担う。

“伝達系”を鍛えるトレーニング

団体競技に参加する

チームメンバーと連携するスポーツやゲームは、話す力、聞く力、そして相手を理解する力を総合的に鍛えられる。

おもてなし料理をつくる

食べさせる相手やリアクションを想像しながら料理をすると伝達系が活性化。料理の手順を考えることで、思考系も刺激される。

相手の口癖を探しながら話を聞く

会話中に相手の話し方や口癖に注目すると、聞く力に加え、相手の考えや個性を深く理解できるようになる。

相手の話に3秒の間を空けて応じる

相手が話し終わった後に3秒間の間を取ることで、話をしっかりと理解し、自分の考えを整理する習慣が身につく。

ば、言葉で正確に表現する際は記憶系脳番地の情報を活用し、視覚系脳番地で得たイメージを具体化し、理解系脳番地で相手の反応を予測する、といった形で機能します。さらに、運動系脳番地や聴覚系脳番地も、スムーズな対話やジェスチャー、相手の話を聞く際に密接に関わります。

伝達系脳番地を鍛えるポイントは「話す」と「聞く」の両方を意識すること。これらは表裏一体のスキルであり、どちらか一方が不足すると円滑なコミュニケーションが難しくなります。

思考系脳番地の相棒 理解系脳番地の鍛え方

該当部位

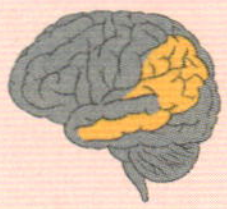

頭頂葉から側頭葉に位置し、視覚や聴覚、記憶系脳番地から受け取った情報を統合する重要な中枢として機能します。

情報の統合力

異なる感覚器官から得た情報を結びつけて意味を見出す能力も、理解系の力。これにより、複雑な状況の本質を捉える力が養われる。

思考系との連携

理解系脳番地が情報を整理し、取捨選択した結果を思考系脳番地が活用するため、両者の連携が重要。この連携が、左脳と右脳のワーキングメモリ※を司り、意思決定や問題解決の質を高める。

柔軟な思考を育てる

他者の意見や新しい考えを受け入れる柔軟性も司る。理解系脳番地が活発になると、多角的な視点で物事を捉える力が向上する。

鍛えるメリット

- ☑ 学習能力が高まり、新しい発想が浮かぶ
- ☑ 人の話や状況を素早く把握できる

理解力は知識の応用力 発見や挑戦を楽しむべし

理解系脳番地は、脳に入ってくるさまざまな情報を統合し、正確に理解する役割を担う部分です。聴覚系、視覚系、記憶系など、他の脳番地と密接に連携し、それらから受け取った情報を整理して意味づけを行います。また、思考系脳番地との連携が強く、互いに協力し合いながら情報の取捨選択を行うことで、物事の本質を理解し、的確な意思決定をサポートします。**この脳番地が活性化することで、**

※情報を一時的に保ちながら処理する能力。

“理解系”を鍛えるトレーニング

自分のプロフィールをつくる

自分自身を客観的に見つめ直し、過去の経験やスキルを整理することで、脳が情報をまとめる練習となる。

部屋の整理整頓・模様替えをする

空間を整理しすることで、脳が情報を整理しやすくなる。模様替えによる環境の変化は、新たな視点をもたらす。

ボランティアに参加する

ボランティア活動を通じて他者と接し、新しい視点や価値観に触れることで、理解系脳番地が活性化。

普段読まない本を黙読する

普段手に取らないジャンルの本に触れることで、脳が新しい情報を受け入れる柔軟性を養い、理解力を高める。

学習を単なる知識の蓄積に終わらせるのではなく、きちんと理解して応用できるような深い洞察力や課題解決能力が向上します。

理解系脳番地を鍛える上でまず意識しておきたいのが、「自分の理解力が最も伸びていた時期を思い出す」ということ。その際は、当時「どんな気持ちだったか」や「どんな行動をしていたか」まで思い出して、新しい発見や挑戦を楽しむように。そうすることで、脳にポジティブな刺激を与え、理解力をさらに高めることが可能になります。

生涯にわたって成長し続ける感情系脳番地の鍛え方

該当部位

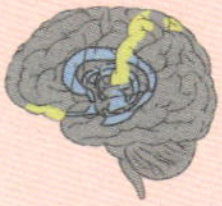

主に側頭葉内側部にある扁桃体を含む大脳辺縁系が中枢となり、前頭葉、頭頂葉にもそれぞれ分散し位置している。これらは自己感情の制御や他者感情の受容に深く関わっている。

ストレスと感情の管理

ストレスへの耐性や感情のコントロールは、この脳番地の働きによるもの。感情系が発達していると、適切に感情を切り替える力が強まり、冷静な判断ができるようになる。

社会的繋がりとの関係

感情系脳番地が活発な人ほど、共感力が高まり、良好な人間関係を築くことができる。他者との交流を通じて、この脳番地がさらに強化される。

記憶との強い結びつき

感情系脳番地は記憶系と密接に連携。感情が伴った出来事は強く記憶に残るため、ポジティブな体験を意識的に増やすことで、感情系と記憶系の両方を鍛えることができる。

鍛えるメリット

- ✓ **他者の心の動きに敏感になれる**
- ✓ **感情をコントロールできる**

心を安定させて人との摩擦も減らす

感情系脳番地は、あらゆる感情を生み出し、それを管理する領域です。興味深いことに、**感情系脳番地は生涯を通じて成長できる**という特徴があります。トレーニングや新しい体験を通じて、**年齢を重ねても感情の豊かさや安定感を高めることが可能**です。

感情系脳番地は記憶系脳番地と深い関係を持っているため、強い感情を伴う出来事は脳に深く刻まれやすくなります。一方で、感情がほとんど

“感情系”を鍛えるトレーニング

褒めノートをつくる

褒められたことや、自分自身を褒めたい出来事を記録する習慣を築く。自己肯定感が高まり、感情系も活性化。

楽しかったことベスト10を決める

過去の楽しい出来事を10個リストアップし、どれが一番嬉しかったかを考える。ポジティブな感情が脳を刺激する。

植物に話しかけてみる

植物に話しかけることで、感情を外に出す練習ができる。心を落ち着かせ、感情系のリラックス機能を高める。

新しい美容院を開拓する

新しい場所やサービスに挑戦することで、新鮮な感情を育む。新しい経験をワクワクしながら楽しむことが、脳に新たな刺激を与える。

伴わない出来事は記憶に残りにくい傾向に。この特性を活かし、日常生活でポジティブな感情を意識的に伴わせることで、感情系脳番地に加え、記憶系脳番地のトレーニングにも繋がります。

感情系脳番地が発達していると、日々の生活において心の安定を保ちやすくなり、人間関係のトラブルを減らすことができます。また、ストレスへの耐性が高まり、**感情のコントロールがスムーズになるため、困難な状況においても冷静な判断を下せる力が養われます。**

まずはここから伸ばすと吉
運動系脳番地の鍛え方

該当部位

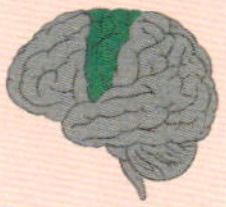

主に前頭葉の後部側に位置する。これらの部位は、体の各部位に対応して動作を制御する命令を出している。

使わない筋肉の刺激が効果的

普段あまり使わない筋肉や動作を意識することで、運動系に新たな刺激が加わり、成長が促される。これは脳の柔軟性を高める上でも効果的。

他の脳番地との連携

運動系は、視覚系や感情系、理解系と連携しており、全身の動作が他の感覚や思考とも繋がる仕組みを支えている。

胎齢 30 週過ぎから成長

運動系は胎内にいる段階から働き始める。胎児が手足を動かしたり、反射的な動きをするのは、この脳番地の発達によるもの。

鍛えるメリット

- ☑ **あらゆる脳番地を総合的に伸ばせる**
- ☑ **器用になる**

脳全体を活性化する脳力アップの起点

運動系脳番地は、体の動きをコントロールするだけでなく、**脳全体を活性化する起点**ともいえる脳番地です。主に前頭葉の後部側に位置し、体を動かす命令を出す役割を担っています。運動系脳番地は胎内にいる時から成長を始め、最も早く成長する脳番地であり、赤ちゃんが胎内で手足を動かすのも、この脳番地の働きによるものです。

運動系脳番地は、他の脳番地と連携して働くため、全体

“運動系”を鍛えるトレーニング

歌を歌いながら料理をつくる

複数の動作を同時に行い、脳を複合的に刺激。歌と動作を組み合わせることで、運動系と伝達系の連携も促進。

聞き手と反対の手で歯磨きをする

普段と異なる手を使うことで、体の動かし方を意識し、運動系が活性化。簡単に取り組める習慣として最適。

日記を手書きする

手で文字を書く作業は、運動系を活性化するだけでなく、記憶系や思考系も刺激。

階段を一段とばしで降りてみる

普段と異なる動きやバランス感覚を求められる動作は、運動系に新しい刺激を与える。

の脳力を引き上げる基盤となります。たとえば、運動によって五感や感情が刺激されると、視覚系や感情系、理解系の脳番地にも良い影響を与えるのです。そのため、脳全体を鍛えるには、運動系脳番地からアプローチすることが効果的だと言えます。運動系脳番地を鍛えることは、単に体を健康に保つだけではなく、**記憶力や集中力の向上、感情の安定にも繋がります**。心身ともに健やかでいるための基盤を築く上で、重要な役割を果たしているのです。

Brain Science

現代人は疲れやすい？ 視覚系脳番地の鍛え方

該当部位

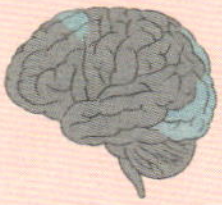

前頭葉と後頭葉に位置。目から入ってきた情報を処理し、色や形に加え、動きなどの特徴を脳全体に伝える中枢として機能している。

目利きの力を支える

視覚系は、物の品質や価値を見極める能力、いわゆる「目利き」の基盤。この力は、経験や観察の積み重ねによって鍛えられる。

疲労が能力に与える影響

視覚系が疲労すると、目が疲れるだけでなく、判断力や集中力、物事を見極める力も低下。現代社会の視覚過多な環境では注意が必要。

左脳と右脳の役割の違い

左脳の視覚系は言語や数値を視覚的に理解する際に働き、右脳は直感的な情報処理や図形の解釈を支えている。この役割分担が、視覚情報の多面的な理解を可能にしている。

鍛えるメリット

- ✓ **見たものの良し悪しを区別できる**
- ✓ **短時間で得られる情報が増える**

単なる視力ではなく観察力を担う領域

視覚系脳番地は、目から入ってくる情報を処理し、物の形や色、動きなどを認識する役割を担います。この脳番地は、左脳側と右脳側で異なる機能を持っています。左脳の視覚系脳番地は、主に言語や具体的な数値などを理解する際に働き、具体的な答えを導き出す力を持っています。一方、右脳の視覚系脳番地は、主に図形や映像など情報を処理し、直感的な理解を支えています。**マンガを読む時、吹**

“視覚系”を鍛えるトレーニング

雑踏を歩く時
空きスペースを見つける

人混みの中で空きスペースを見つける行為は、瞬時に視覚情報を処理し、次の動きを判断する訓練になる。

鏡を見ながら毎日10種類以上の
表情をつくってみる

表情を観察しながらつくることで、自分の顔の動きを意識的に把握。観察力や感覚の鋭敏さが向上する。

自分の顔をデッサンする

鏡を見ながら自分の顔を描くことで、視覚情報を脳内で整理し、細部に注意を向けるトレーニングになる。

映画やドラマのキャラを
まねてみる

登場人物の動作や表情を観察し、それをまねすることで、視覚的な記憶力や直感力が鍛えられる。

き出しのセリフを理解するのが左脳、絵や背景の意味を直感的に捉えるのが右脳の働きです。物の品質や状態を見極める**「目利き」の能力も司っており、情報の正確な判断をする上で不可欠**です。

視覚系脳番地は過剰に働きすぎると疲労しやすく、その結果、集中力や判断力が低下してしまう特徴があります。特に現代人は、スマートフォンやパソコンを長時間使用することで視覚系脳番地を酷使しがちです。そのため、**適切な休息やトレーニングを取り入れることが重要**です。

Brain Science

他の脳番地の協力が必要 記憶系脳番地の鍛え方

該当部位

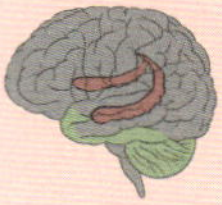

記憶系脳番地は、側頭葉を中心に位置。主に海馬とその周辺に関連し、海馬が長期記憶すべきと判断したものを記憶する。さらに、それを必要な時に引き出す機能を担っている。

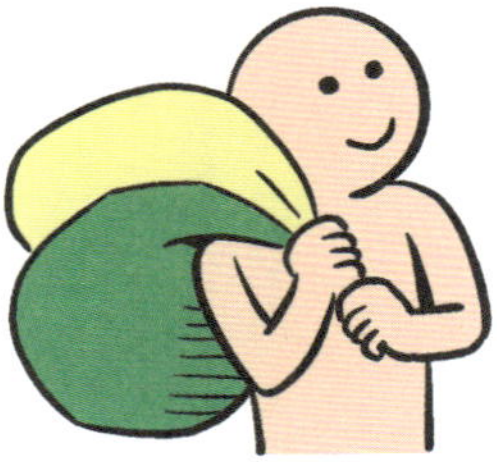

知識の記憶と感情の記憶

知識の記憶は記憶系と、感情の記憶は感情系と深く関係。この２つの記憶を連携させることで、情報がより強く定着する。

五感との関係

記憶系脳番地は、五感から得た情報を活用して記憶を形成する。特に視覚や聴覚、触覚を伴う体験は、脳に深く刻まれやすい特徴がある。

単独では鍛えられない

記憶系脳番地は単体では機能しにくく、他の脳番地との連携が必要。感情や思考をリンクさせることで、記憶の質が向上する。

鍛えるメリット

- 物忘れが減る
- 記憶力が向上する

思考や感情と関連づけて記憶力を効率的にアップ

記憶系脳番地は、私たちの記憶を担う領域。情報を整理し、必要に応じて引き出す機能を持っています。記憶は大きく分けて「知識の記憶」と「感情の記憶」の2種類あります。知識の記憶は、事実やデータ、論理的な内容を記憶するもので、思考系脳番地との連携が不可欠。一方、感情の記憶は、出来事に伴う喜びや悲しみ、不安といった感情に基づくもので、感情系脳番地との強い関連性があります。

“記憶系”を鍛えるトレーニング

1日20分の暗記タイムをつくる

毎日 20 分間、集中して暗記作業を行うことで、記憶系脳番地が効率良く刺激される。

新語・造語を考える

新しい言葉を考えることで、創造力を活性化させると同時に、記憶に新しい刺激を与える。

日曜日に翌週の予定をシミュレートする

1 週間の予定をイメージし、頭の中でシミュレーションを行うことで、記憶系脳番地が活性化。

前日におきた出来事を3つ覚えておく

前日に何があったのかを 3 つ思い出す。感情を伴わせながら振り返ると、記憶力がさらに鍛えられる。

この2つの記憶は、それぞれ異なる経路で脳内に保存されます。

記憶系脳番地を効果的に鍛えるには、**単に暗記力を高める努力だけでは不十分です。強く連携している思考系脳番地や感情系脳番地と積極的にリンクさせることで、記憶の定着と引き出しがスムーズになります。**たとえば、新しい知識や体験に感情を添える、あるいはその知識を使って考えるというプロセスを意識的に取り入れることで、記憶力を効率的に向上させることが可能です。

Brain Science

記憶系との相性が良い 聴覚系脳番地の鍛え方

該当部位

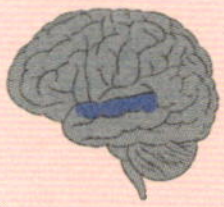

主に側頭葉に位置しています。この領域では、耳から得た音を解析し、情報を他の脳番地に伝える役割を担っています。

コミュニケーション能力を支える

聴覚系が発達すると、会話の中で相手の意図や感情を正確に理解できるようになり、スムーズなコミュニケーションが可能になる。

記憶系との相性が良い

音声情報は記憶系に強く結びついており、視覚情報よりも記憶に残りやすい傾向がある。そのため、音声を活用した学習法が効果的。

音楽や自然音で脳を活性化

音楽や自然音に意識を向けることは、聴覚系を刺激し、感性を豊かにするトレーニング。感覚を磨くことで脳全体の働きが高まる。

鍛えるメリット

- ☑ **聞いたことを忘れにくくなる**
- ☑ **外国語の上達が早くなる**

コミュニケーションや記憶力にも影響

聴覚系脳番地は、耳から入ってきた音声情報を処理する領域で、音や声を分析する役割を果たします。主に側頭葉の上側に位置し、音を聞き取るだけでなく、言葉の意味を理解するために理解系や思考系脳番地と連携。さらに、音を記憶として保存するために記憶系脳番地とも連携します。記憶系脳番地との相性が良く、**視覚情報よりも聴覚情報の方が記憶に定着しやすいと言われています**。そのため、

“聴覚系”を鍛えるトレーニング

あいづちのバリエーションを増やす

会話の中で適切なあいづちを増やす練習をすることで、相手の話を理解する力が向上し、聴覚系が活性化。

自然の音に注意を払う

風や鳥の鳴き声など、日常の自然音を意識的に聞き取ることで、聴覚系を刺激。

ラジオを聞きながら寝る

リラックスしながら聴覚系を刺激できる。リズムや音声情報が脳に良い影響を与える。

会議中の発言を速記する

会議や講義中に発言を速記することで、耳で聞いた情報を整理して記憶する練習になる。

音声情報を使った学習法は、聴覚系脳番地のトレーニングと学習効果の向上を同時に実現できる効率的な方法。授業の録音を聞き返したり、音読することで、記憶力を高めながら聴覚系脳番地を鍛えることができます。

さらに、聴覚系脳番地が発達していると、相手の言葉を正確に理解できる力が高まるため、コミュニケーション能力が向上。また、他者の感情やニュアンスを敏感に感じ取る力も養われるため、豊かな人間関係を築く上で欠かせない要素と言えるでしょう。

Brain science

脳科学の歴史は3500年

紀元前1500年頃から脳の研究は始まっていた

エジプト最古の医学書「エーベルス・パピルス」では、脳と知覚や運動機能との関係に言及。頭部の損傷が身体に影響を与えることが知られていたと考えられている。

2世紀頃、人類は小脳と大脳の役割に関心をもつ

ギリシャの医学者ガレノスは、動物の脳を解剖し、大脳が感覚を、小脳が運動を司ると推測した。この研究は、中枢神経の機能を理解する最初の一歩となり、後の脳科学の発展に繋がった。

脳の研究の歴史は、なんと紀元前１５００年のエジプトにまでさかのぼります。この時代の医学書「エーベルス・パピルス」には、脳に関する記述が見られ、知覚や運動機能との関係についての考察も含まれていました。その頃からすでに、人類は脳の機能の核心に迫っていたのです。その後、２～３世紀頃には動物の脳の解剖結果から、大脳が感覚、小脳が運動を司ると推測されるようになりました。

そしてさらに時は流れて、西暦１５００年頃。かのレオナルド・ダ・ヴィンチによる

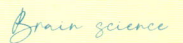

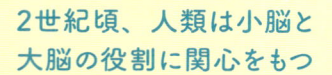

西暦1500年頃
脳の医学書が登場

レオナルド・ダ・ヴィンチは脳の構造を詳細にスケッチし、脳の空洞(脳室)についての研究を残した。1543 年にはヴェサリウスが『人体の構造』を発表し、脳の解剖学を体系化。これにより、脳の研究は飛躍的に進んだ。

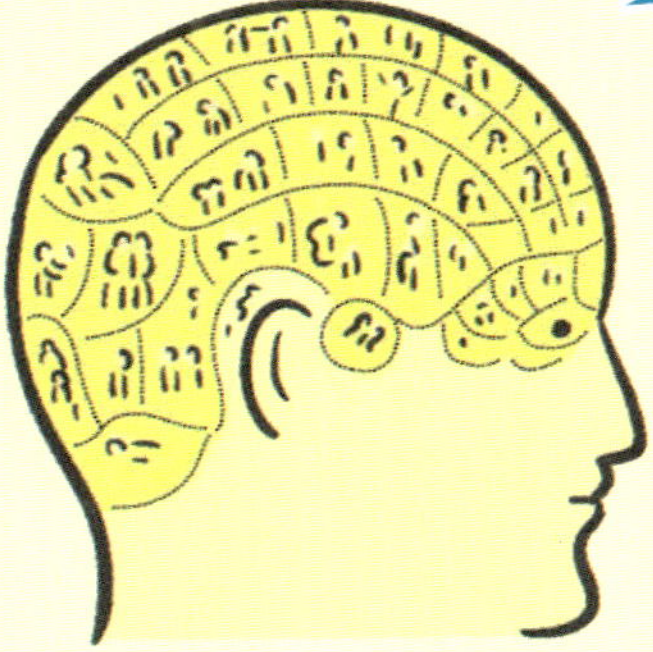

西暦1800年頃には
脳の地図が考案される

オーストリアの医師フランツ・ガルは、頭蓋骨の形状と人の性格の関連性を研究し、「骨相学」を提唱。脳の特定部位が特定の機能を持つという考えは、現代の脳番地理論にも近づいた発想だった。

精密な脳の解剖図をはじめ、体系的な脳の解剖学が発達します。１８００年頃には、頭の形と性格を関連づけた「骨相学」が誕生。占い程度の精度しかありませんでしたが、現代の「脳番地」の概念に近いものといえます。

19世紀に入ると、フランスの医師ブローカとドイツの医師ウェルニッケが、脳の言語中枢であるブローカ野とウェルニッケ野を発見しました。こうして、脳の研究は実験と科学的手法を用いた精密な領域へと進化し、現代の脳科学の礎を築いていきました。

Brain science

MRIの登場で脳科学が飛躍

遺体の脳は解剖学的な
研究をやりやすいけど、
形の研究しかできないな…
ヤバい奴がいる！
にげろ
ちょっと電極
当ててみたい
あなたの
生きたままの脳を
見せていただけませんか？

技術が未熟な時代の脳の研究は、遺体を使う他なかった。サンプル数も限られる上、経年変化の観察は不可能。生きた人間をサンプルにするのは倫理的な問題が大きすぎる。

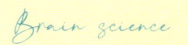

脳科学は長らく、死体の解剖を通じて研究が進められてきました。しかし、脳の構造の観察はできても、活動や機能を調べることはできません。生きた脳の働きを知るためには、外科手術や事故による損傷を観察する方法しかなく、研究には大きな制約がありました。20世紀に入ると、電極を使った脳刺激実験が行われましたが、生体を傷つけることなく脳の働きを調べる手法は存在しなかったのです。

そんな状況が変わったのは1980年代のこと。MRI（磁気共鳴画像法）が登場し、

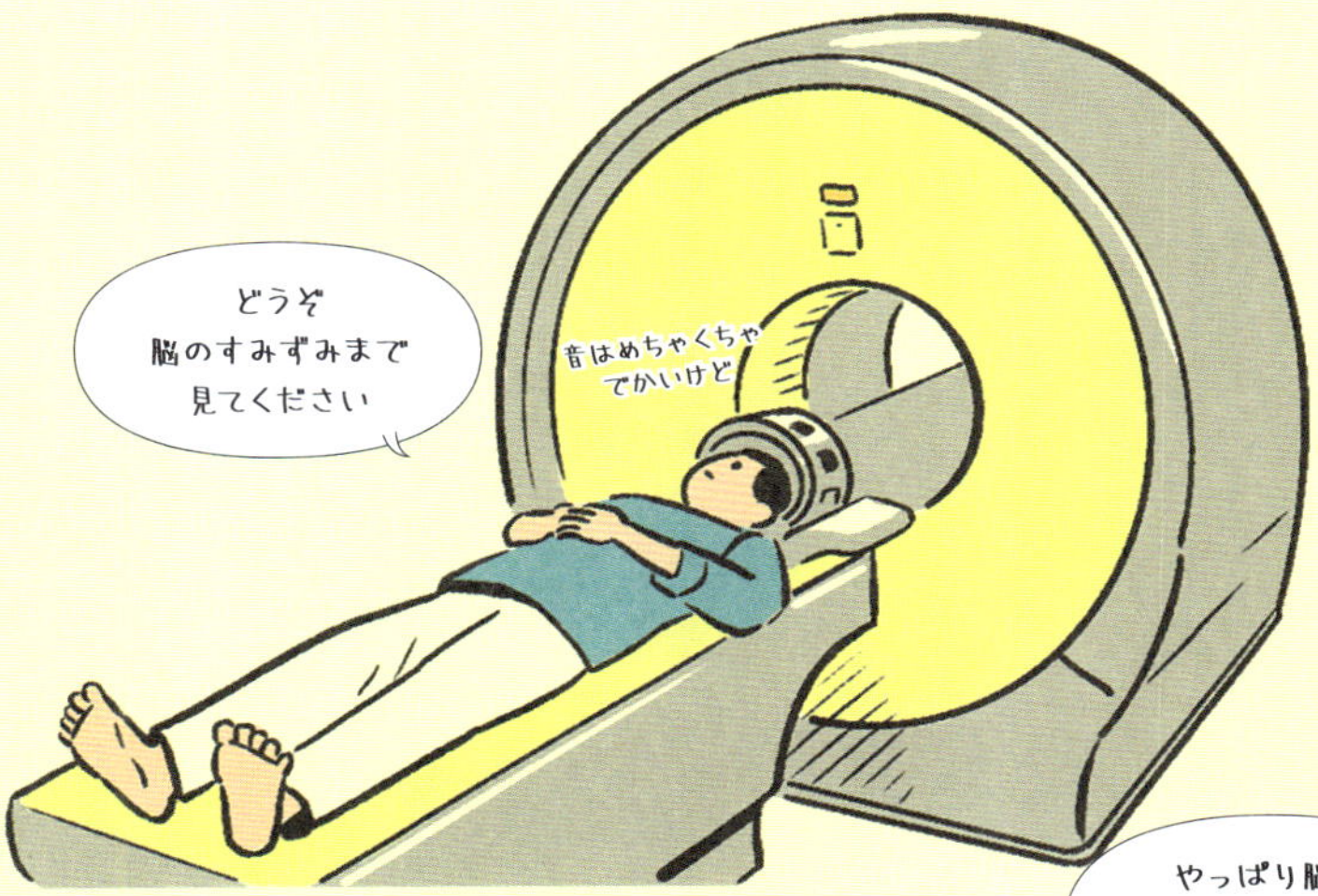
どうぞ
脳のすみずみまで
見てください
音はめちゃくちゃ
でかいけど

やっぱり脳は
生きたままで
見るにかぎるよな～

MRIによる脳の観察は、観察対象者を傷つけることがない非侵襲式の検査。そのため、遺体を使うよりも多くのサンプルを集められる。その上、同じ観察対象者を何度も観察できるので、時間経過による脳の変化も研究できるようになった。

脳科学は飛躍的に発展しました。ＭＲＩは強力な磁場と電波を利用して、非侵襲的に生きた脳の内部を詳細に観察できる技術です。特に、多くの人を対象に何度でも観察できることで、脳の仕組みの精密な解明が進みました。その結果、ＭＲＩで脳を機能的に分析できるようになり、思考力や記憶力などの脳機能がどう変化するのかを、各脳番地の成長・変化とともに可視化できるようになったのです。

　このように、ＭＲＩの登場は、脳科学を新たな時代へと導きました。

＼ PART 2 ／

脳をもっと知りたい

CHAPTER

1

脳は〇〇って本当？

この章でわかること

脳にまつわる一般的な疑問

最も身近で神秘的な存在である脳には、さまざまな疑問がつきものです。例えば、「脳は大きい方が頭が良いのか」「頭の良さは遺伝するのか」など、よくある一般的な疑問について、最新の脳科学で知られている事実を元に回答していきます。

脳の俗説はどこまで信ぴょう性があるのか

脳は神秘的な存在であるが故に、ちまたで語られる話の中には、本当か嘘かわからない俗説が多数知られています。映画でも扱われることがある「脳の活動は10%だけ」というテーマをはじめ、「脳って実は○○」の本当のところを掘り下げます。

Q.1 QUESTION 脳が大きいほど頭が良いの？

動物ごとの脳の重量と大脳皮質のニューロン数※

哺乳類は体のサイズが大きいと脳も大きくなる傾向にあるが、知能に関わるとされるニューロン数が比例するわけではない。ゾウに比べてヒトの脳は 1/3 程度の重量しかないが、大脳皮質のニューロン数は 2 倍もある。

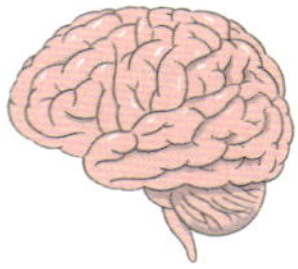

ヒト
重量：約 1500g
大脳皮質のニューロン数：約 160 億

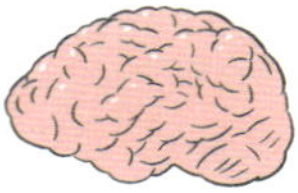

ゴリラ
重量：約 500g
大脳皮質のニューロン数：約 43 億

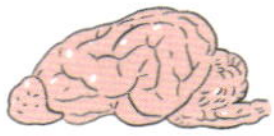

イヌ
重量：約 70g
大脳皮質のニューロン数：約 5 億

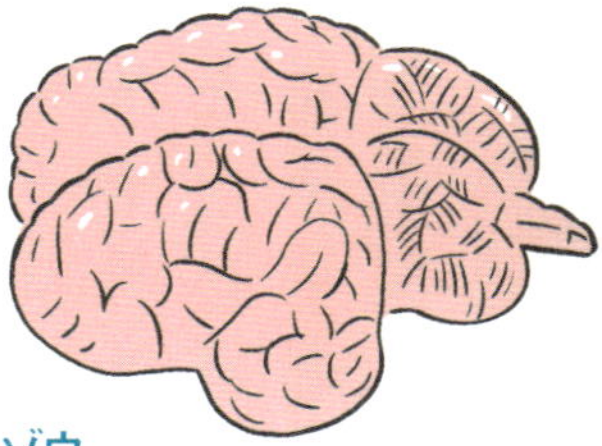

ゾウ
重量：約 4900g
大脳皮質のニューロン数：約 55 億

大きな脳が賢いとは限らない

脳の大きさは、必ずしも知能に直結するわけではありません。動物とヒトの脳のサイズを比較すると、ゾウはヒトよりもはるかに大きな脳を持っていますが、大脳皮質におけるニューロンの数を比較すると、ゾウよりもヒトの方が多いことがわかっています。これは思考や記憶を司る部分が高度に発達していることを示しています。

また、**知能の高さはニューロン数だけでなく、脳内の効**

※研究によって異なる数値が報告されているため、代表的なデータを記載。

A.1
ANSWER

脳の大きさ=知能の高さとは言い切れない

そもそも、動物の知能はどう測るのか?

動物の知性の指標として、「脳化指数」というものがある。体重と脳の大きさから求められるもので、一般的に動物の知能を比較する時に用いられる。ただし、あくまで指標の一つであることに注意が必要。

哺乳類の脳化指数

ヒト	7.4 ~ 7.8
チンパンジー	2.2 ~ 2.5
ゴリラ	1.5 ~ 1.8
イヌ	1.2
ネコ	1.0
ラット	0.4

[脳化指数]
=[定数※]×[脳の重量]÷[体重]$^{2/3}$

脳化指数とは、1973年に生物学者によって考案された動物の知能の指標。動物同士の知性を比較される際に用いられることがあるが、知能は脳の多くの要素が関与しているためあくまで参考程度にとどめるべきとの意見もある。

率的な接続や特定の機能に特化した構造も関係します。そのため、脳が大きければ知能が高いという単純な図式は成り立たないのです。

タコは脳が9つある!?

タコには、頭部にある脳に加え、8本の各腕に「腕の脳」といえる神経節(神経の集まり)が存在。そのため、腕は脳の指令なしに自律的に動くことも可能です。ユーモアを交えて表現する際に、「タコは9つの脳を持つ」と言われています。

※数式内の一定の値。この式では、動物群ごとの脳と体重の関係から算出されたものを用いる。

Q.2
QUESTION

頭の良さは遺伝するの？

頭の良さ＝先天的要因＋後天的要因（経験・学習）

頭の良さは、記憶力や注意力などの先天的な能力に加えて、経験や学習で得た後天的な知識も関係する。このうち、先天的な能力は遺伝する可能性があるが、後天的な要因は遺伝しないとされている。

遺伝する要素

- 注意力
- 記憶力
- 感情力…など

遺伝しない要素

- 知識そのもの
- 経験的な記憶
- 判断力、選択力…など

先天的な要因よりも環境的な要因が大きい

単純な記憶力や柔軟性など、基本的な脳の特性は、遺伝による影響を受けることがあります。しかし、これらはあくまで基礎的な能力の話です。**頭の良さには環境要因や経験が大きく左右**します。たとえば、学力の高い親の子どもが優秀に育つのは、**遺伝だけでなく、学習環境の整え方や教育方針が影響**しています。さらに、幼少期からの適切な刺激や教育が、先天的要因を上回る可能性も示されています。

A.2 ANSWER 脳の機能は遺伝するが環境要因も大きい

例外的に、経験が親から子へ受け継がれることも

動物においては親の経験が子に遺伝する可能性を示唆する研究がある。線虫という小さなミミズのような生物で、害のある細菌 X に冒された個体の子が、生まれながらにしてその細菌 X を避ける行動を示した。

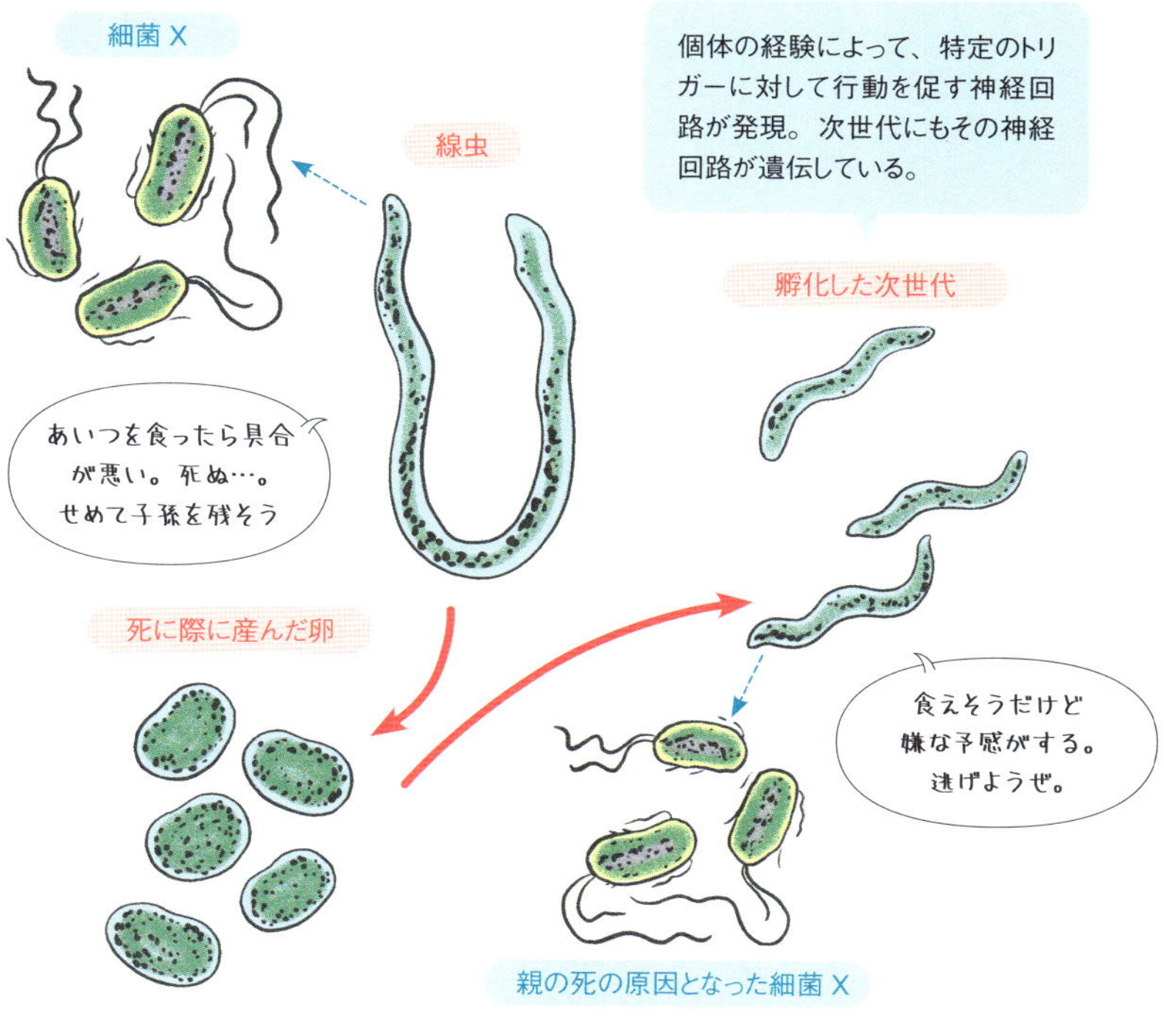

細菌 X
線虫
個体の経験によって、特定のトリガーに対して行動を促す神経回路が発現。次世代にもその神経回路が遺伝している。
孵化した次世代
あいつを食ったら具合が悪い。死ぬ…。せめて子孫を残そう
死に際に産んだ卵
食えそうだけど嫌な予感がする。逃げようぜ。
親の死の原因となった細菌 X

Q.3
QUESTION

「〇〇型脳」って本当にあるの？

脳の左右の役割・機能の違い

脳は左右それぞれで、担う機能が分かれている。その情報を、脳梁を通してやり取りすることで、左右一体となって働いている。

左脳が主に担う機能

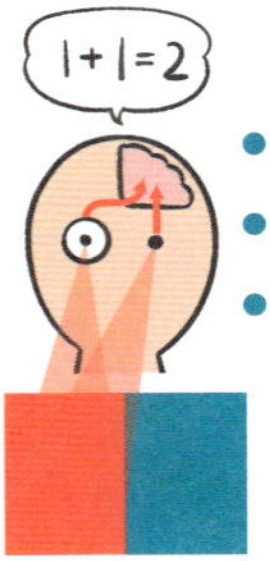

- 論理的思考、文字認知
- 言語的な理解・表現
- 右側の視野の視覚処理

右脳が主に担う機能

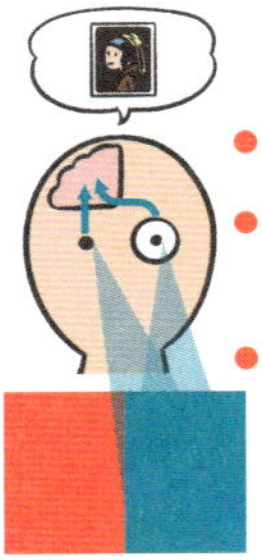

- 創造性、空間認知
- 感情、直感的な理解
- 左側の視野の視覚処理

左右はもちろん性別による差もある

脳は左右で異なる役割があり、右脳は創造性、左脳は論理的思考を担当しています。このことが、右脳型・左脳型という考えの下地になっています。似た考えで、男脳・女脳というものもありますが、事実、男性は空間認識に関連する領域が、女性は言語や感情表現に関連する領域が発達しやすい傾向があります。ただし、**この差は絶対的なものではなく、経験や学習によって補うことも可能**です。

A.3 ANSWER 脳の左右差、性差、個人差はある

脳を分断したら、左右差がわかった!

左右の脳を繋ぐ脳梁を分断すると、左右で情報交換が行われず、独立して働く。しかし、意識は1つに保たれたままであることから、「意識は脳全体で分散的に生み出されている」という仮説にも繋がる。

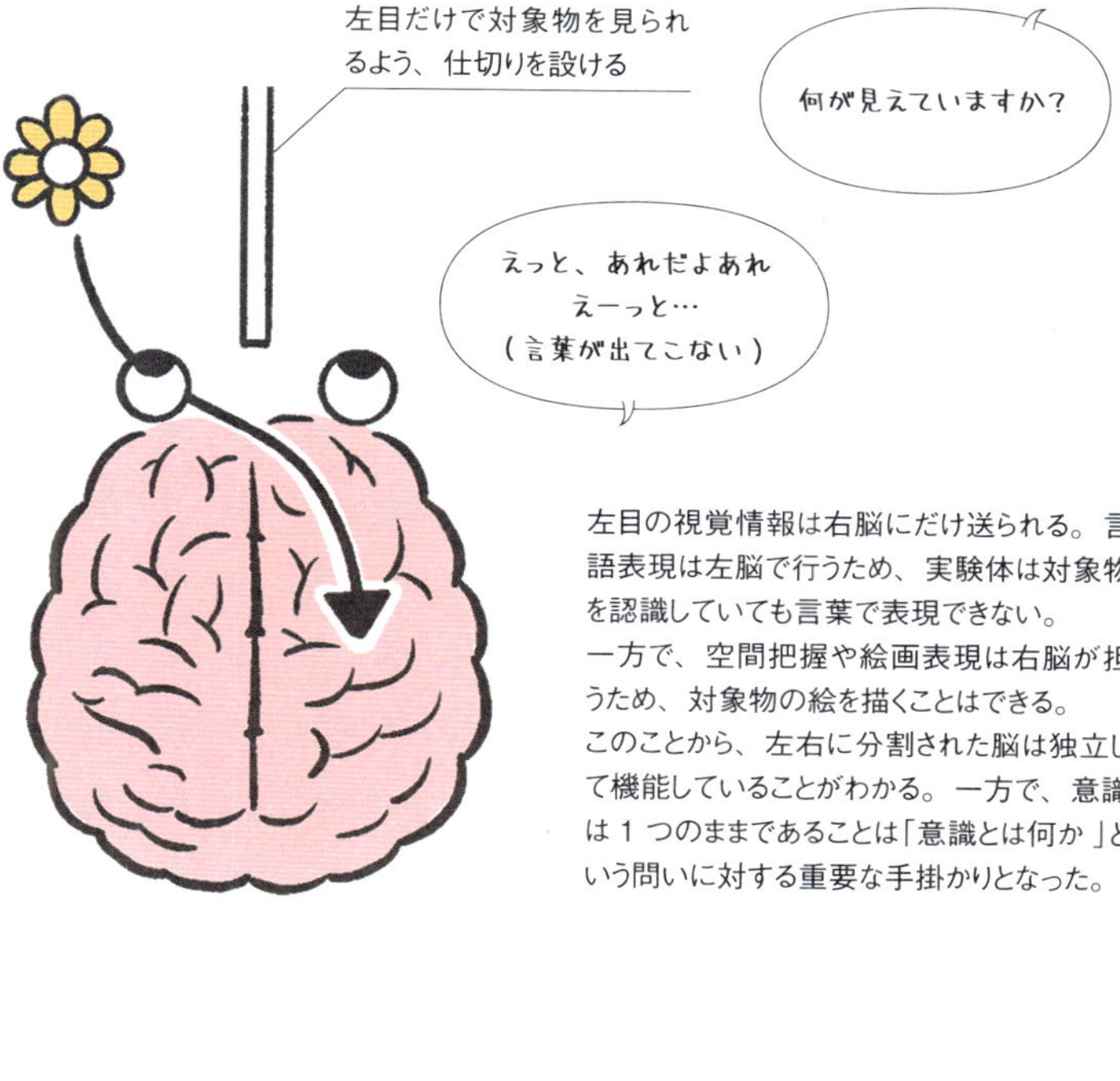
左目だけで対象物を見られるよう、仕切りを設ける
何が見えていますか?
えっと、あれだよあれ
えーっと…
(言葉が出てこない)

左目の視覚情報は右脳にだけ送られる。言語表現は左脳で行うため、実験体は対象物を認識していても言葉で表現できない。

一方で、空間把握や絵画表現は右脳が担うため、対象物の絵を描くことはできる。

このことから、左右に分割された脳は独立して機能していることがわかる。一方で、意識は 1 つのままであることは「意識とは何か」という問いに対する重要な手掛かりとなった。

Q.4 QUESTION 脳は10％しか使えていないって本当？

脳の活動領域の誤ったイメージ

脳の活動を血流反応で画像化する技術が脳科学に大きく貢献。その一方で、24時間やあるいは1週間まるまるの生活の脳活動は映像化できていない。一瞬のタイミングの画像、つまり一部分しか活動してない状態の画像が広まったことで、「10％神話」が生まれてしまった。

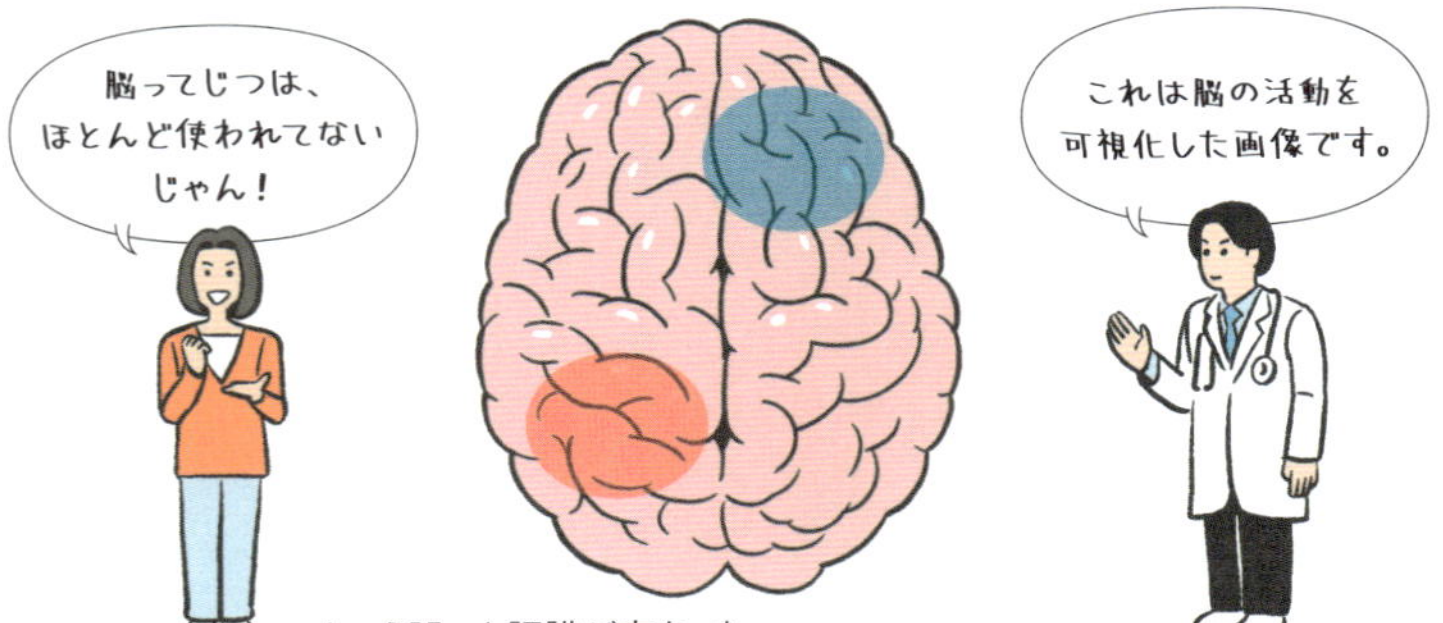
脳ってじつは、
ほとんど使われてない
じゃん！
これは脳の活動を
可視化した画像です。
…という誤った認識が広まった。

10％どころか無駄なく全部活動中

「人間は脳の3％や10％しか使っていない」という説は広く知られていますが、これは誤り。心理学者の言葉が誤って広まったり、脳の活動を可視化した画像が曲解されたりした結果だと考えられます。

実際には、**脳は日常生活のあらゆる場面で全領域を使っており、休んでいる部分はほとんどありません**。現代の科学的研究によれば、脳は全体が連携して機能していることが確認されています。

A.4 ANSWER 脳全体がまんべんなく活動している!

実際の脳の活動領域のイメージ

求められる処理によって脳の活発部位に強弱はあるが、どのような場合でも脳は全体的に活動しているし、特に何もしていない時でさえ、脳の活動が静止することはないことがわかっている。また、寝ている時と起きている時では、脳の使い方が異なっている。

実際の脳の働きのイメージ

色がついている場所は活動している
領域を示したもの。

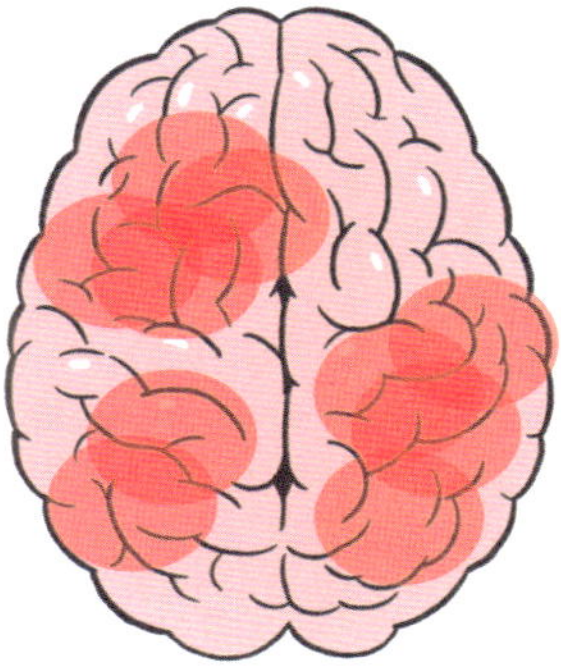

刺激に対する反応や動作、思考など、脳にはそれぞれの活動の中心地となる部分がある。ただし、それ以外の部位も補助的に連携しながら機能しているため、脳の広い部位が働いている。

1日を通した脳の働きのイメージ

異なる色は異なる刺激や行動による
中心的な活動領域を示したもの。

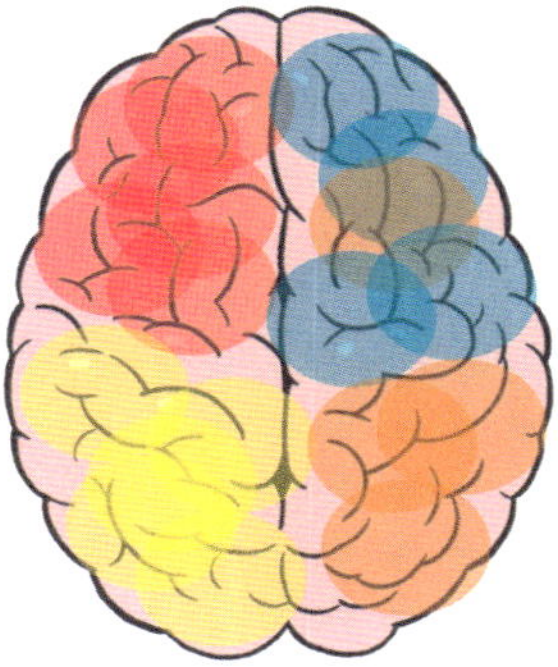

1日を通して脳の活動を観察すると、ほとんどすべての部位が活動している。観察のタイミングによって、脳が10%しか活動していないように見えることがあるかもしれないが、決して使われていない領域はないのだ。

Q.5 QUESTION 脳に良いとされる食べ物ってあるの？

脳は食品や薬品に大きく影響を受ける

脳の活動は化学物質によって支えられている。それはつまり、外部から取り入れた化学物質も作用するということ。作用別に、以下のような成分が挙げられる。

神経伝達物質の分泌を促すもの

赤身の魚などに多く含まれるビタミンBなどのほか、認知症薬など。

神経伝達物質の材料となるもの

GABAやアセチルコリンなど。脳活動を担う神経伝達物質を補充する。

脳の代謝を刺激するもの

中枢神経の刺激によって覚醒作用をえる。カフェインのほか、覚醒剤などの違法薬物も多く該当する。

脳の血流や酸素供給を促すもの

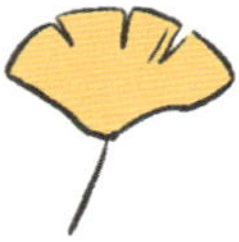

血流増加によって酸素供給を促して活動を高める。イチョウ葉エキスなどが代表的

直接的にも間接的にも脳は食品に影響される

脳の活動を高めようとする時、一般的でもっとも手軽な手段の一つはコーヒーなどに含まれるカフェインでしょう。しかしそれ以外にも、**脳の代謝や血流を増加させたり、脳の神経伝達物質を補助したりする成分によっても脳の活動を高めることができます。**

2010年代以降、脳の活動を高める医薬品やサプリメントが「スマートドラッグ」と呼ばれ、ビジネスや受験の場で用いられるようになりま

A.5
ANSWER

脳の働きを活性化する成分がある!

ブレインフードを取り入れよう

一般的な食材で、脳に良いとされる成分を多く含む「ブレインフード」を生活にとりいれるのも良い。ただし、そもそも脳は臓器の一つなので、健康的な食事が大切であることに留意。

シャケの切り身

脳の神経細胞の健康を保つDHAは認知力向上効果が期待される。また、神経伝達物質のバランスをサポートするビタミンDや脳を酸化ストレスから守る抗酸化物質も豊富。

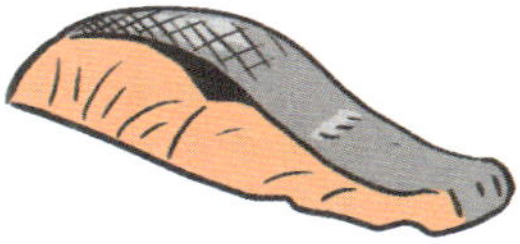

バナナ

バナナに含まれるトリプトファンは、幸せホルモンと呼ばれる神経伝達物質・セロトニンの材料となります。また、セロトニン合成のためのビタミンB_6や、神経伝達をサポートするカリウムも豊富。

ナッツ類

抗酸化作用によって脳を守るビタミンE、神経伝達物質の調整に役立つマグネシウムなどが豊富。

大豆

神経伝達物質・アセチルコリンの材料であるレシチンが豊富。記憶力や学習能力の向上が期待できる。

した。しかし、これらの一部は本来の用法とは異なる用い方であったり、国や地域によっては違法薬物に該当することも。薬物の過剰摂取に繋がるおそれもあるため、十分に留意する必要があります。

PART 2

脳をもっと知りたい

CHAPTER

2

脳の異常・特殊な状態ってどんなもの?

この章でわかること

脳の働きと病気はどのような関係があるか

ここまでに紹介したように、脳は非常に複雑な仕組みで働いています。時には、脳自体にトラブルが生じて、心や体にその影響が現れることも。不具合が起きた時の脳の働きや心身へ及ぼす影響について掘り下げていきます。

心の病気や障害と脳の関係

意識や感情など、いわゆる「心」に関連する機能は脳が司っています。そのため、一般的に「心の病気」と呼ばれているものの中には、脳に原因があることもしばしばです。心の病気と併せて、発達障害と脳の関連についても解説していきます。

高次脳機能のトラブルについて

高次脳機能とは、人間の行動の大部分を占める、脳の複雑な働きのこと。その基本的な解説とともに、事故や病気による損傷や日常生活でのトラブルが、高次脳機能にどのような影響を与えるのか、具体的な例とともに紹介していきます。

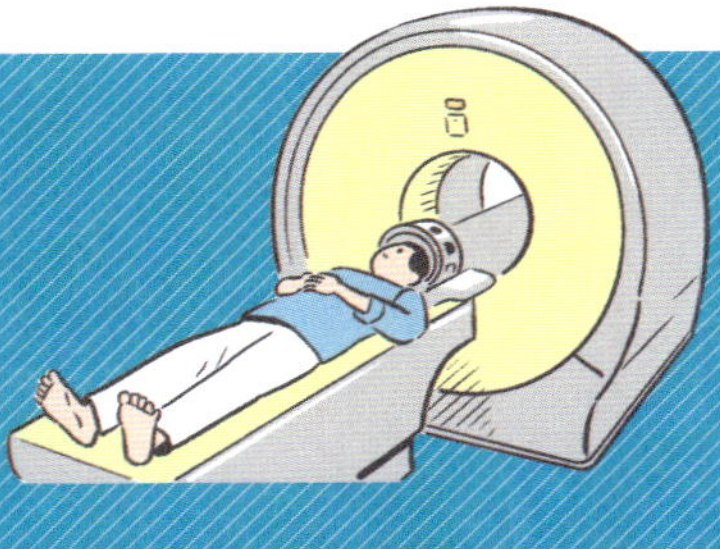

Q.6
QUESTION

心の病気は脳が原因？①

脳に原因があるとされる精神疾患

精神疾患を患うと脳内で神経伝達物質やそれに関連した検査値に異常が見られることからも、「心の病気は脳に起こっている病気」と考えることができる。下図は精神疾患と関連すると考えられる神経伝達物質の例。

精神疾患	主な症状	関連する神経伝達物質
うつ病	無気力、気分の低下	セロトニン、ドーパミン、ノルアドレナリン
統合失調症	幻覚、せん妄、認知機能障害	ドーパミン、グルタミン酸
双極性障害	感情の急激な変動	ドーパミン、セロトニン、ノルアドレナリン
不安障害	過剰な恐怖反応、パニック	GABA、セロトニン、ノルアドレナリン
強迫神経症	強迫観念、強迫行為※	セロトニン、ドーパミン、グルタミン酸

※強迫観念によって繰り返し行ってしまう行為。過剰な手洗いや施錠の確認などが代表的。

情報の伝達エラーが心の病気に繋がっている

私たちが日々感じる「喜び」や「悲しみ」「不安」などの**感情は、脳内で神経伝達物質を介して生まれます**。たとえば、セロトニンという物質が関与するシナプスで、セロトニンが放出され、受容されるプロセスを通じて「安心感」や「幸福感」が得られます。しかし、この仕組みに異常が生じると情報伝達がうまくいかず、心のバランスが崩れ、精神的な不調に繋がることがあります。

A.6 ANSWER 神経伝達のエラーが心の病気に繋がることも

神経伝達物質を起因とする仮説

神経伝達物質の機構に異常が起こる原因はさまざま。強いストレス状態によって引き起こされることもあれば、先天的に異常を抱えている場合もある。先天的な異常は遺伝する可能性も指摘されている。

シナプスにおける神経伝達物質の機構に異常が起こる箇所

シナプスでは神経伝達物質の放出・受容・再取り込みが行われているが、それぞれで異常が起こり、精神疾患に繋がる可能性がある。精神疾患の薬物療法では、原因となる機構に作用する医薬品を用いる(トランスポーターの過剰な取り込みが原因とされる場合は、取り込み阻害薬を用いる)。

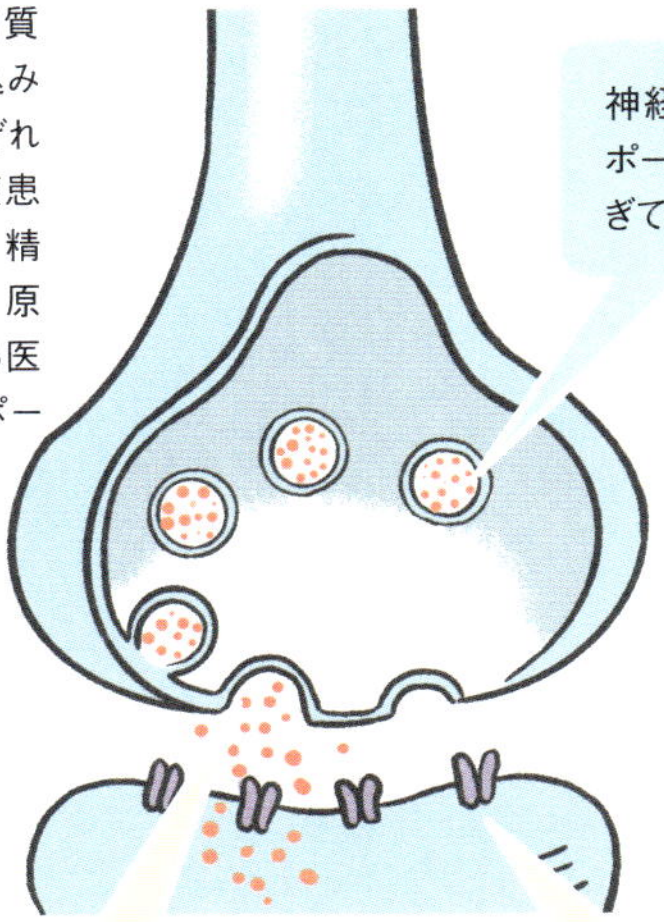

神経伝達物質がトランスポーター※に取り込まれすぎて、受容体に届かない。
※目的の物質を取り込み、その量を調整する部分。
神経伝達物質を受容体がキャッチすることで情報伝達される。
精神疾患の場合
放出量が極端に少なくなっている。
精神疾患の場合
受容体の数が少なく、情報が伝達されない。

Q.7 QUESTION 心の病気は脳が原因？②

通常の記憶は感情が薄れていくもの

楽しい記憶を思い出した際、体験当時と同じくらい楽しめるという人はほとんどいないだろう。通常であれば、感情の記憶は時間とともに薄れていくのが普通だ。

花火はむっちゃ楽しい！
もしかしたら一生で一番
楽しいかもしれない！
こんなに楽しい
ことはもうないん
じゃないか！？
ぼんやり
ま、
楽しかったよね

「あの体験は一生の思い出」というくらいの楽しい思いをしても…

時間が経てば記憶は薄れていくし、同時と全く同じように気分が高揚するわけでもない。

感情を伴う強い記憶が精神を蝕むことも

ＰＴＳＤ（心的外傷後ストレス障害）は、脳の防衛システムが過剰に働くことで生じます。強い恐怖体験（トラウマ）は、命を守るための本能が働き、通常の記憶とは異なる形で扁桃体に保存されます。**扁桃体は感情の生成を司るため、トラウマ体験が感情と強く結びついたまま記憶されてしまう**のです。この結果、過去の出来事を思い出すたびに、体験時と同じ感情が繰り返し湧き上がるのです。

A.7
ANSWER

脳の基本的な仕組みが暴走して病になることも

生命の危機を体験すると感情の記憶が残る

恐怖や嫌悪感、罪悪感など、生命維持に直結する感情を呼ぶ体験は、通常よりも深く記憶に刻まれる。その際に、感情を司る扁桃体が働くため、想起と同時にリアルな感情も呼び覚まされてしまう。

あの形相が
はっきりと
フラッシュバックする…
ずいぶん前のことだけど
まだ怖い怖い怖い怖い怖い
怖い怖い怖い怖い
え、死神って
マジでいるの？
てか俺死ぬの？
死ぬの怖い！
怖い
コワイ
こわい

何年も経過した後でも記憶が鮮明に想起され、いま、その場で体験しているような感情も呼び起こされる。

命の危機を感じるようなネガティブな体験は、強い感情とともに深く記憶に刻まれる。

Q.8 QUESTION 植物状態※でも脳は活動しているの？

植物状態に見えても、外界の状況を認識している

ある植物状態の患者の脳を、脳の活動状況を脳細胞の酸素消費や血液量の変化を用いてモニターできるfNIRS（エフニルス）法で観察。すると、全く動かない、見えていない人でも、質問を投げかけた際に、母や知人の声に聴覚系脳番地が反応。つまり、外部の状況の把握を示唆するケースが確認されている。

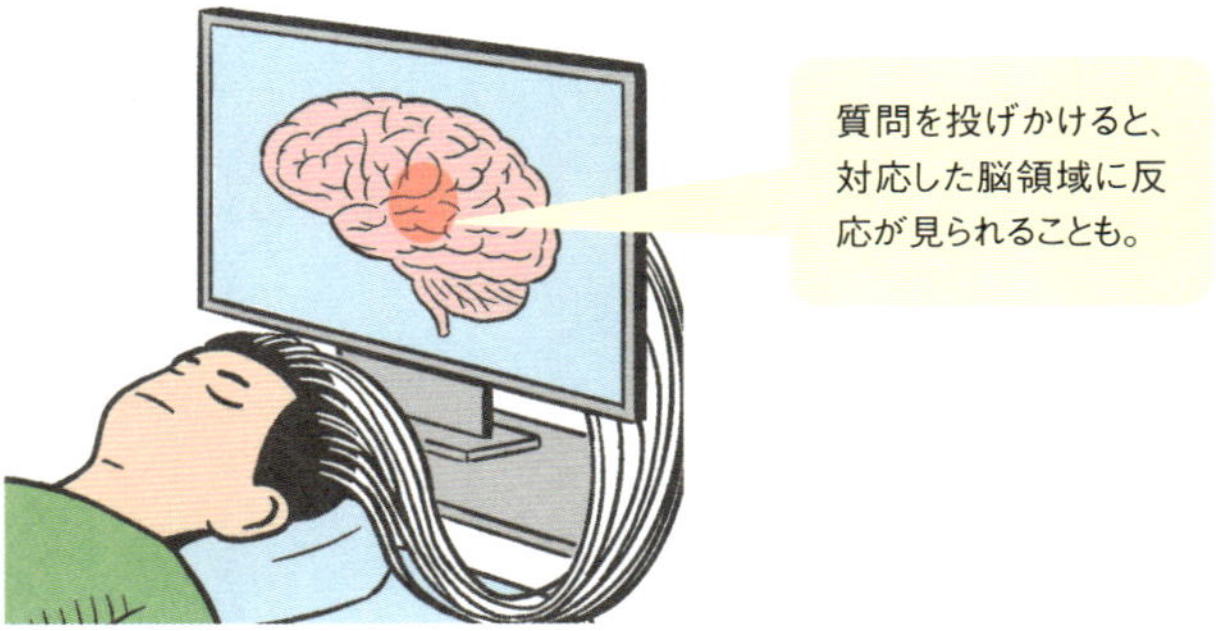
質問を投げかけると、
対応した脳領域に反応が見られることも。

植物状態でも脳の活動は続いている

植物状態は、脳死とは異なり、大脳の一部や小脳、脳幹に損傷があっても、しっかり働いている状態です。

脳は外見では判断できません。一見、脳の活動が停止しているように見えても、実は、「見えているが動けない」「見えない・動けないが聞こえる」ことが少なくありません。また、睡眠と覚醒のパターンが見られたり、眼球運動が観察されることがあるのです。さらに、**植物状態でも脳の神経**

※脳損傷の慢性期においても、脳幹は活動し、大脳の脳番地の連携が悪くなり、情報のインプットは一部可能でも、アウトプットがしにくい状態。

A.8 ANSWER 植物状態に見えても脳の成長が認められたケースも

意識障害は程度によって分類されている

医療ドラマなどで良く耳にする植物状態は、数ある意識障害の1つにすぎない。実は、刺激への反応や意識レベルの程度、脳の状態に応じて、いくつかの種類に分類される。

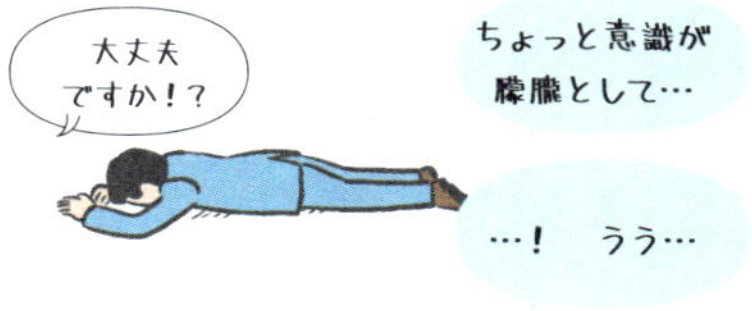

傾眠

話しかけ続けないと自発的に眠ってしまう。

↓

混迷

痛みなど強い刺激でようやく覚醒があがり反応する。

↓

昏睡

刺激を与えても閉眼状態で覚醒させることができないため、植物状態に見える。

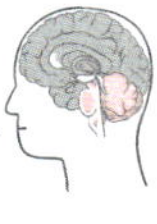

←

脳死

大脳死に加え脳幹も活動停止した状態。多くの場合、脳死に陥ると、やがて1週間ほどで心臓死にいたる。

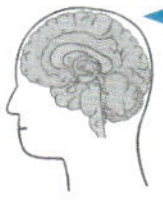

意識があるのに言葉で反応できない

植物状態とは異なり脳幹の部分的損傷などでおこる、「閉じ込め症候群」(ロックインシンドローム)。これは体の完全な麻痺状態で、意識があり、視覚認知があり、外界の認識が可能。しかし、表情を変えたり、動いたり、話したりできる範囲が限られている。急性期には意識不明に陥ることもある。瞬きや眼球運動が可能なので、正しく診断されていれば、意思疎通が可能である。

ネットワークが新しく成長するケースも報告されていることから、植物状態の人には「意識」が存在するのです。問題なのは、その意識レベルなのです。

Q.9
QUESTION

発達障害は脳番地ごとの発達の違いが原因？

そもそも発達障害は多様な疾患の組み合わせ

発達障害とひとくちに言っても、「自閉性スペクトラム障害」「注意欠陥多動性障害」「学習障害」など多様な特性を含む広範な言葉。さらに、睡眠リズム障害、スマホ依存症、発達性協調運動障害、不安障害などが併存して、特性の現れ方には個人差があり、同じ診断名でも一人ひとり状況が異なるもの。

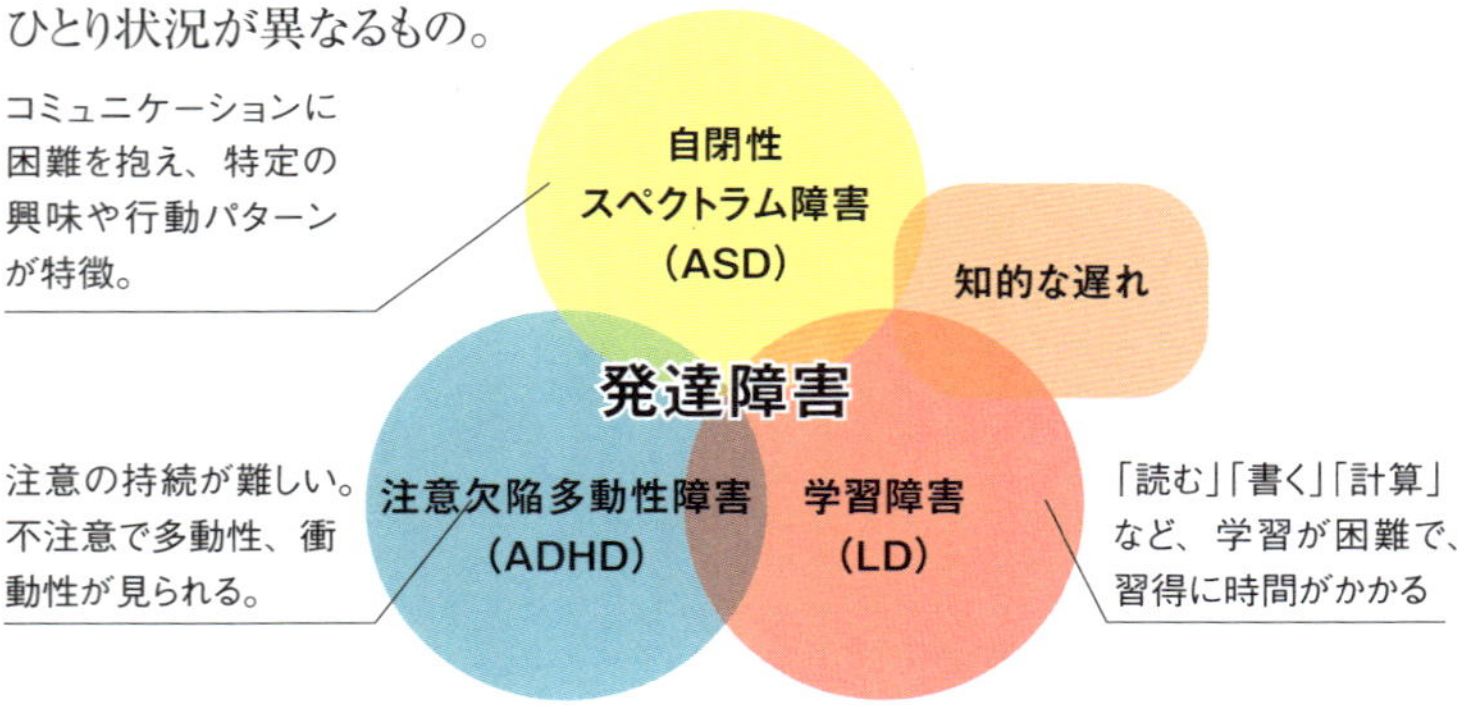
コミュニケーションに困難を抱え、特定の興味や行動パターンが特徴。
自閉性
スペクトラム障害
（ASD）
知的な遅れ
発達障害
注意の持続が難しい。不注意で多動性、衝動性が見られる。
注意欠陥多動性障害
（ADHD）
学習障害
（LD）
「読む」「書く」「計算」など、学習が困難で、習得に時間がかかる

脳の未発達よりもバランスの欠如が問題

発達障害は、脳番地の発達具合に偏りがあることで生じると考えられています。脳の特定の領域が未発達である（あるいは発達しすぎている）ことが原因で生活の中で困難が生じるため、**「気の持ちよう」だけで改善されるものではありません**。本人への脳発達教育だけでなく、周囲の理解とサポートが非常に重要です。一人ひとりの特性を捉えることで、脳発達を促す適切な支援が行いやすくなります。

A.9 ANSWER 脳機能（脳番地）のバランスが悪い状態

個人の脳と社会とのバランスの悪さも原因

脳の特性が発達障害だと見なされるかどうかは、社会の環境や求められる役割によって変わることがあります。現代社会で発達障害とされる特性も、環境次第で強みになることがあるので、個々の特性を活かす方法や職場を見つけることが何よりも重要です。

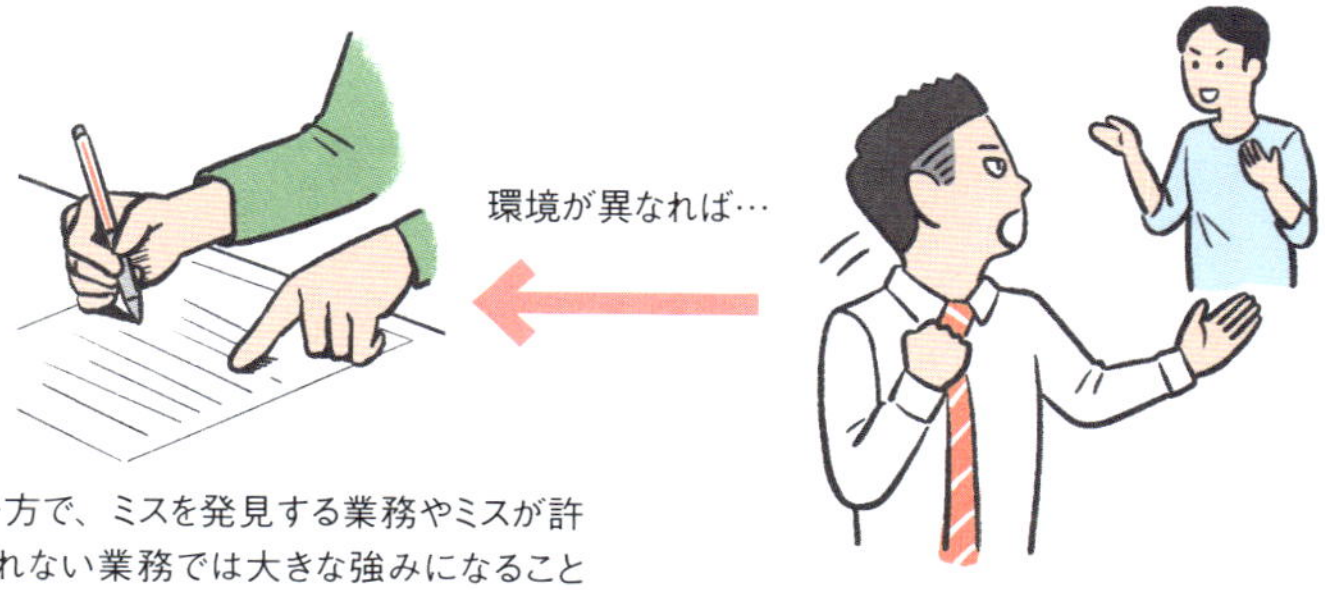

一方で、ミスを発見する業務やミスが許されない業務では大きな強みになることも。発達障害というという特性は、あくまで現代社会の一般的な環境での視点にすぎないということを理解しておくべき。

たとえば、「細かいことにこだわる特性」は、臨機応変な対応が求められる環境では「融通が効かない 」と見なされることも。

発達障害は遺伝するか?

発達障害の一部は、遺伝的要因が関与するとされる。ただし、単一の遺伝子が原因ではなく、環境要因と相互作用して発現するもの。必ず遺伝する・しないというものではないことに十分留意すべき。例えば、ADHD と診断された場合、家系に ADHD の素因、または、ADHD と診断されなくとも、ADHD 脳として、それらしい生活歴を持つ人がいる確率は 7 割ほど。

Q.10 QUESTION 発達障害は治療できるの？

薬物療法は第一選択ではない

一般的に発達障害の治療は、薬物療法が第一選択ではなく、スキルアップトレーニングなど組み合わせて実施される。患者本人への正しい病気に対する教育をして、個人の困難を軽減することで、生活の質の向上が期待できる。近年ではMRIを活用して脳の個性を分析し、より適切なトレーニングや治療法を選ぶことが可能になった。

特性やその程度に合わせて、コミュニケーショントレーニングや認知トレーニングを実施。

注意力を引き上げる医薬品や、覚醒作用のある医薬品など、特性に合わせて処方。

MRIの活用によってより最適化された治療に

発達障害の診断は、精神疾患、睡眠疾患、依存症、耳鼻科疾患など複数の疾患が併存していることがほとんどで、慎重な鑑別診断が必要。幼少期は、言語発達の遅れだけでＡＳＤと診断されることが多く、実際はＡＤＨＤを併存し、そちらの治療を優先すべきことが少なくありません。

大人の女性では、多動性や衝動性が目立たない場合、注意欠陥障害型のＡＤＨＤを見落とされることも多いです。

A.10 ANSWER 原因となる脳番地へのアプローチが有効

特殊なMRI画像診断で発達障害の原因の脳番地を特定

MRIによって発達障害に関連する脳の特定領域を可視化することができる。これにより、特性の深い理解を促し、パーソナライズされたより効率的な治療を行うなど、新たなアプローチが可能になっている。

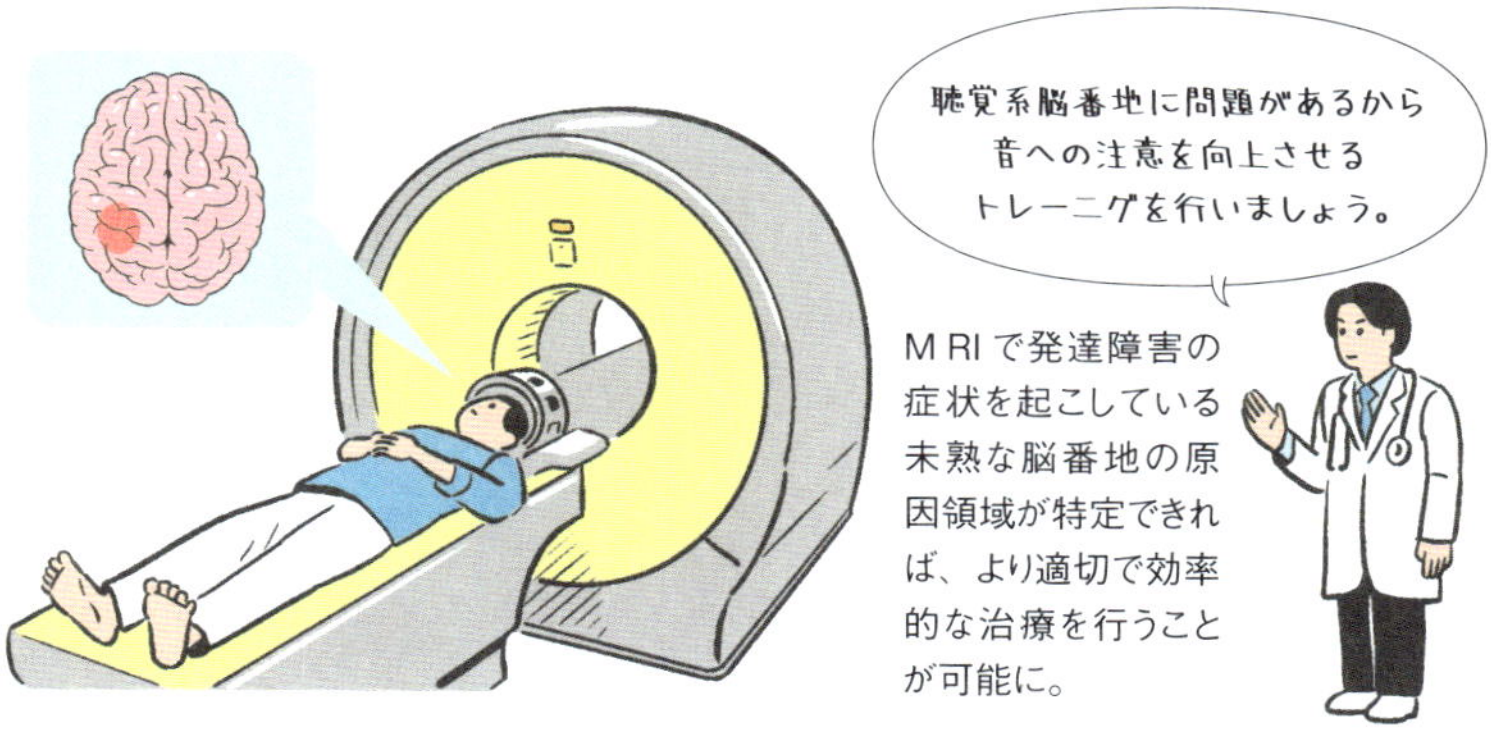
聴覚系脳番地に問題があるから
音への注意を向上させる
トレーニグを行いましょう。

MRIで発達障害の症状を起こしている未熟な脳番地の原因領域が特定できれば、より適切で効率的な治療を行うことが可能に。

発達障害に伴う精神疾患に注意

発達障害による特性と精神疾患の症状は一部が重なることがあるため、誤った診断と投薬が行われることがある。例えば、ADHD（注意欠陥多動性障害）に特徴的な注意力不足と思われたものが、実はうつ病の症状であったが、そのうつ症状は閉塞性睡眠時無呼吸症」ということも少なくない。正確な診断には、精神科、小児科だけでなく複数の専門医による詳細な評価が重要である。

Q.11 QUESTION 「高次脳機能障害」っていうけど そもそも高次脳機能って何?

一般的に乳幼児期以後に発達し始める

胎児の時期から最初に発達するのは、皮膚感覚機能と運動機能。生後、見る・聞く・動くなどの機能がさらに発達。次第に理解系や思考系脳番地といった高次脳機能の領域が発達して、人間らしさが備わる。

5歳の子どもが母親と積み木を積む時に使う高次脳機能

- **指示を理解する(聴覚系、理解系、記憶系脳番地)**
- **色や形を知覚する(視覚系、記憶系脳番地)**
- **崩さないように載せる(思考系、視覚系、運動系脳番地)**
- **物を別のものに見立てる(理解系、記憶系、思考系脳番地)**
- **母と話しながら作業を完了させる(思考系、伝達系、感情系脳番地)**

人間らしさを司る高次脳機能

物を見る、音を聞く、体を動かす、食べるといった生物としての基本的な行動を司る脳機能は、第一次運動野、視覚野、聴覚野と呼ばれる領域の脳機能です。対してそれ以外の**人間の行動の大部分を司るのが「高次脳機能」**。たとえば人の声や音が聞こえること以上に、聞いた上で「何て言ったの?」と聞き返す人間らしい行動は高次脳機能の領域になります。

高次脳機能は一般的に、乳

A.11 ANSWER

基本的な機能を除いた脳の大部分の働きのこと

高次脳機能を発達させる訓練の代表はスポーツ

乳幼児期以降10歳前後までに一定程度まで発達した高次脳機能は、その後も積極的に使うことでより高度にできる。複雑な動きや、瞬時の判断が求められるスポーツを行うことは、その最適な訓練となる。

スポーツで鍛えられる主な高次脳機能

- 知覚力
- 分析力
- 注意力
- 判断力
- 感情制御力
- 遂行力

発達障害は、大人から発症する場合も少なくない

乳幼児期に発達が十分でない脳番地があった場合に発達障害と診断されることがありますが、子どもの頃には表面化せず、社会人になって問題が発覚することも少なくありません。ただし、脳は幼児期以降も成長を続けるという前提があります。大人になってからADHDやASDの症状が確認された場合では、MRI検査で脳に「海馬回旋遅滞症」などの脳発達が凸凹になりやすい素因が確認されることもあります。

幼児期を過ぎてから育ちはじめて、その後はその人ごとの習慣によってより多く使われた脳の部位（脳番地）が個性的に発達していくことになります。

Q.12
QUESTION

高次脳機能が働かなくなるって特殊な状態なのでは？

認知症は高次脳機能が衰えていく病

認知症の7割以上を占めるアルツハイマー型認知症は、脳の神経細胞がゆっくりと死滅し、脳が萎縮する病。記憶と感情に関係する扁桃体周囲から始まり、海馬を含む側頭葉や頭頂葉、さらに末期には、大脳だけでなく脳幹や小脳にも及ぶ。

①海馬などに異物が沈着、記憶障害の症状が始まる

数分で記憶をたどることができなくなる。ただし、忘れていることが理解できているうちは、多忙であったり、軽度認知機能障害、認知症の初期の段階の可能性がある。

②脳の萎縮が全体に及び、さまざまな症状に

認知症末期まで進むと、言語能力だけでなく、動けなくなってくる。萎縮が大脳だけでなく脳幹にも及ぶ。全介助が必要になるなど、人間らしさが失われた状態となる。

過去に閉じこもり時間が失われていく認知症

高次脳機能障害と聞くと、大きな事故などによる脳の損傷に限った特殊な障害と思われるかもしれません。実は**脳損傷に至らずとも、日常生活でその機能が低下するだけで誰もが簡単になりえる**障害です。その代表は「認知症」です。認知症は脳の前頭葉や頭頂葉の部分的な萎縮、側頭葉内側部の萎縮などにより高次脳機能が次々に消失することで、次第に「その人らしさ」を失っていく病とも言えます。

A.12 ANSWER 高次脳機能トラブルの代表は認知症。実は誰もがなりうる!

認知症との繋がりが注目されているMTBIとは?

近年注目されているのが、頭を強く打ったり、追突事故で急激に脳が揺さぶられたりすることを原因とするMTBI（軽度外傷性脳損傷）。何十年も経てから過去のMTBIが認知症のリスクとして繋がることも。

認知症のリスクとなるMTBIの例

脳震盪

軽度なMTBI。一時的に記憶・意識障害などが起こる場合があるが、画像診断では異常が見られないことが多い。

スポーツによる頭部打撲

ラクビーで選手同士が激しく頭をぶつけた、柔道で頭を床に打ったなど、あらゆるスポーツシーンでMTBIが起こりやすい。

乳児期の激しい揺さぶり

2歳ごろまでの乳児期は頭蓋骨と脳の間に隙間があるため、激しく揺さぶると脳が損傷する。乳幼児揺さぶられ症候群（SBS）は良く知られるが、後年に認知症のリスクに。

“もの忘れ”はリカバーが可能!

加齢や多忙による「もの忘れ」は、脳番地トレーニングでリカバーできます。特に海馬が司る記憶力を回復させるためには、8時間以上の睡眠や思考系を強化することが有効です（P.100）。

■加齢によるもの忘れとMCI、認知症の違い

	加齢によるもの忘れ	軽度認知症（MCI）	認知症
原因	日常生活での脳の使い方の偏りによるもの。脳の神経細胞に変化はなし。	アルツハイマー型認知症の前駆状態。脳の神経細胞に変化が見られる。	脳の神経細胞が消失。毛細血管の障害、アミロイドβ※の沈着などが見られる。
もの忘れの度合い	忘れたことを指摘されたら納得できる。	出来事の一部を忘れ、指摘されても思い出せない。	出来事やその場で聞いたことを忘れる。

※脳内で生成されるタンパク質の一種。

Q.13
QUESTION

うつ病や大人の発達障害も高次脳機能の問題!?

うつ病は神経伝達物質が減少して起こる気分障害

うつ病の中でも最も患者数が多いのが「大うつ病※」。明確なメカニズムは不明だが、セロトニンやノルアドレナリンの減少を発端に、高次脳機能に偏りが起こると考えられている。

うつ病のタイプ

うつ病障害

- **大うつ病**
- **気分障害**

など

双極性障害

- **うつと躁**

たとえば毎日４時間睡眠で激務を続けていれば、神経伝達物質のセロトニンやノルアドレナリンが極端に減少する。その結果、脳機能に障害が出て、うつ病に繋がることも。

高次脳機能トラブルでうつ病や発達障害に？

ビジネスパーソンにとって他人事ではない**うつ病や発達障害も、高次脳機能の問題**と言えます。

うつ病の人の脳は、前頭葉機能が低下して伝達系や思考系脳番地の働きが低下していることが多く、思考力が著しく衰えて、会話力が低下している状態。つまり、**明らかな脳損傷があるわけではなく高次脳機能が極端に低下している状態**となってしまっているのです。睡眠障害の8割ほど

※抑うつ症状が２週間以上継続するなど、診断基準に基づいた重度の状態。

A.13
ANSWER

うつ病や発達障害も高次脳機能が低下した状態

前頭葉の機能低下などが原因で発達障害の症状が出ることも

特定の作業や分野に苦手意識を感じたことがきっかけで、ADHDに気づくパターン、あるいは職場でのトラブルから、言語障害やアスペルガー症候群※などのコミュニケーション障害に気づくパターンなどがある。

脳機能の低下で現れる発達障害の特性の例

コミュニケーション障害

扁桃体とその周囲の機能遅延・あるいは低下した状態で見られる。人と目を合わせられない、話したいことをまとめられないなどさまざまな特徴がある。さらに左脳の扁桃体の機能低下に限ると、自分の気持ちがわからず人に伝えられないということも。

注意力欠陥障害（多動性・衝動性のないADHD）

頭頂葉の機能低下や未発達な状態で見られる。大人になってから気が付かれるADHDの多くが「不注意」で、ミスや忘れ物が多い、遅刻しがちなどが知られるが、自己の意見が持てず、人に影響されやすいという特徴も。

がうつ病を引き起こしていると考えられるため、**高次脳機能低下に気がついたらまず十分な睡眠をとりましょう。**

同様に、発達障害も脳の特定の機能の遅延・低下によって引き起こされることも。思考力の散漫さが目立つADHDや会話力のなさによるコミュニケーション障害は大人になってから発覚することも少なくなく、後天的な脳機能のトラブルが発端となっている可能性も否定できません。発達障害は必ずしも生まれ付きの特性であるとは限らないのです。

※知的発達の遅れを伴わない自閉スペクトラム症の一形態。

Q.14
QUESTION

高次脳機能が低下するとどんなことが起こるの？

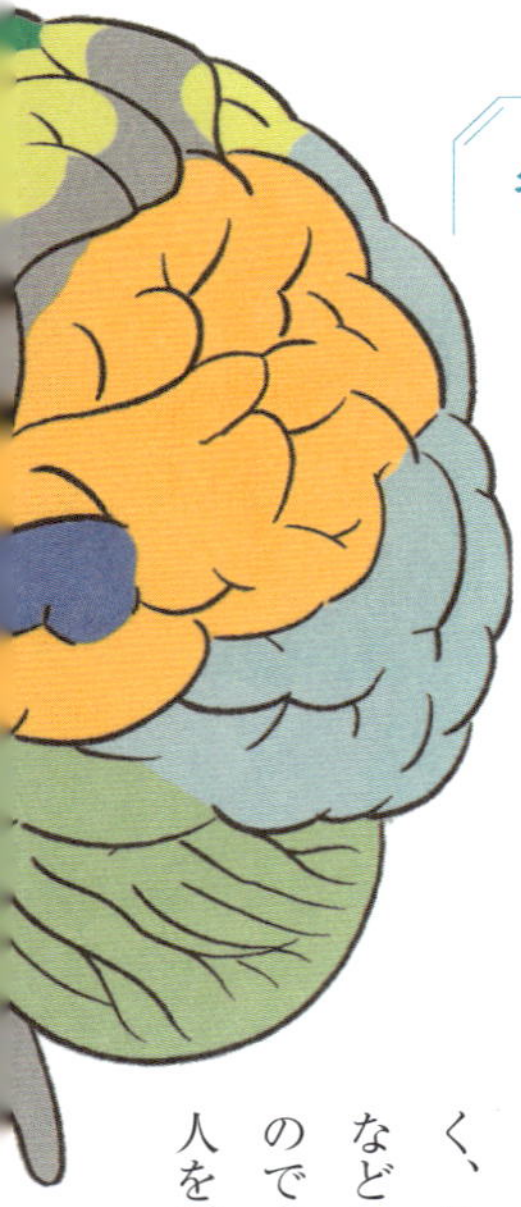

各脳番地のダメージで起こる高次脳機能障害

思考系脳番地の機能低下

- 反応スピードが遅くなる
- 選択できなくなる
- 切り替えがしづらくなる

考える力が落ち、相手への返しに時間がかかったり、比べて選択したりすることができなくなる。比較できないため罪悪感もなくなりがちに。オン・オフの切り替えも苦手になり、ゲームやSNSをダラダラやり続けてしまう。

脳番地のアンバランスはその人の個性

高次脳機能とひとまとめにいっても、**各機能を司る脳の部位は異なり、ある特定の高次脳機能に対し、さまざまな脳の部位が複雑に絡んで影響**しています。ここでは各脳番地の機能低下などを原因とする脳のアンバランスから起こりやすい高次脳機能のトラブルを見ていきます。

ただし、脳機能がアンバランスであることは決して特別なことではなく、その人ごとの長年の習慣や環境などによって必ず偏りが出ているものです。そんな脳の違いこそ、その人を形作る個性であると言えます。

A.14 ANSWER

脳の部位ごとに症状は異なる。脳番地で捉えると理解しやすい！

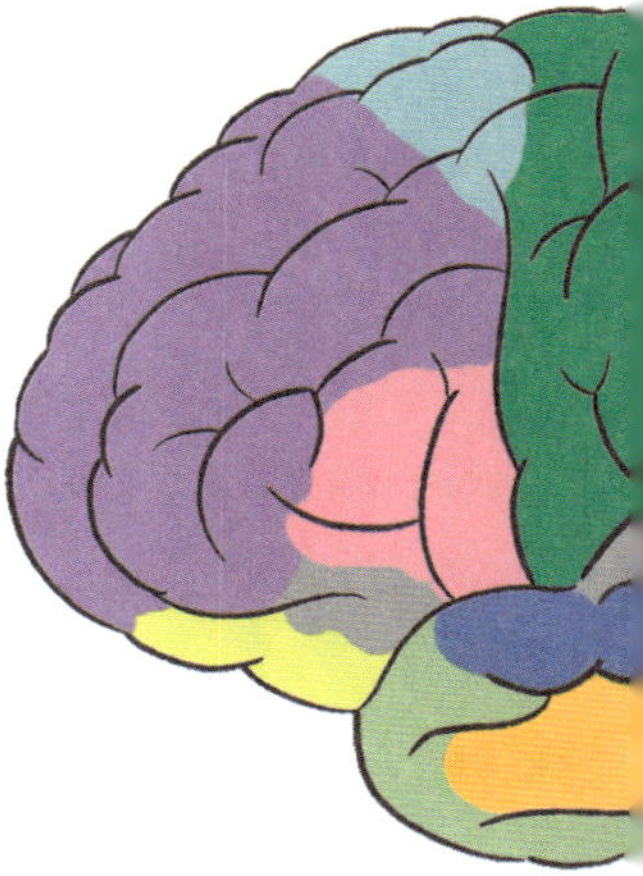

伝達系脳番地の機能低下

- 言葉が出にくくなる
- 他人に興味がなくなる

言葉が出ないだけでなく、何を言いたいかがまとめられなくなり、会話が乏しくなる。さらに他人への興味がなくなり、ジェスチャーも少なくなる。これらはうつ病の状態で起こりやすい。

感情系脳番地の機能低下

- 他人の気持ちがわからなくなる
- 自分の気持ちもわからなくなる
- 怒りっぽくなる
- 多幸感を感じる

右脳の感情系脳番地が弱いと、他人の気持ちに共感できなくなる。反対に左脳の感情系が弱いと自分の気持ちや意志が持てなくなり、その結果無表情になりやすい。また怒りっぽくなる一方、扁桃体までダメージが及ぶと反対に多幸感にあふれることも。

運動系脳番地の機能低下

- しゃべり方に抑揚がない
- 不器用になる
- ボール運動ができない

手足の筋力が弱くなり、運動全般(特にボール運動)が苦手に。筋力の低下は手先の器用さにも関係するため、細かい手作業もしにくくなる。同時にしゃべり方に抑揚がなくなる。

各脳番地のダメージで起こる高次脳機能障害（つづき）

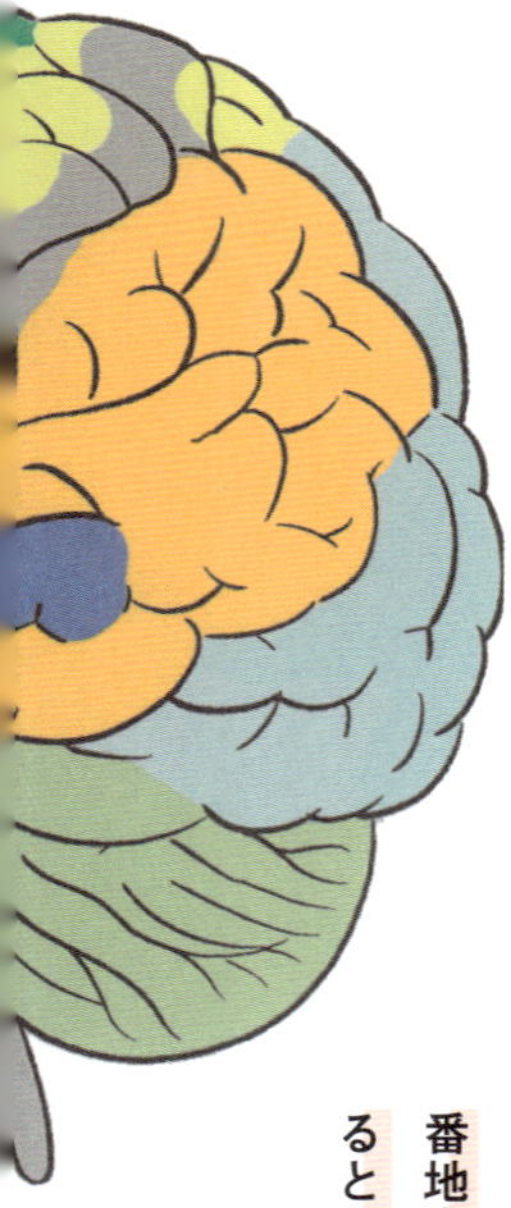

理解系脳番地の機能低下

- 予測・想像できなくなる
- マルチタスクが苦手になる
- お金の管理ができなくなる

人に言われたことが理解できず、目の前にないものへの想像・予測・推測ができなくなる。注意力が限定され、複数の仕事を同時にこなせなくなる。お金のやりくりができず、破産しやすい。

視覚系脳番地の機能低下

- 動体視力が低下する
- 特定のものが覚えにくい

滝やボールなど、動いているものを捕捉できなくなる。色が読み取りにくいため、写真や絵などに感動できなくなる。視覚記憶に関係する図形や漢字が覚えにくいということも。

脳番地を鍛えるなら その周辺から！

ここまで脳番地ごとの高次脳機能の低下の症状例を見てきました。ただし、特定の脳番地が機能低下しているからといって、そこを積極的に使えばリハビリになるということではありません。**脳はある部位の機能が低下していても、他の部位がそれを補うように発達していくという力を持っています。特定の脳番地の機能が低下した場合は、その近くの脳番地をトレーニングによって刺激するというのが、最善手**になります。

記憶系脳番地の機能低下

- 特定の知識が抜け落ちる
- 日記が書けなくなる
- 動作が覚えられない

アルツハイマー型認知症では最初に症状が出やすい脳番地。出来事を忘れる、新しいことを覚えられないという症状が典型的。地図が読めないなどの問題も、この脳番地が関係する。聴覚系脳番地のダメージが組み合わさると、動作を教えても聞き取れず覚えられないなどの症状となることも。

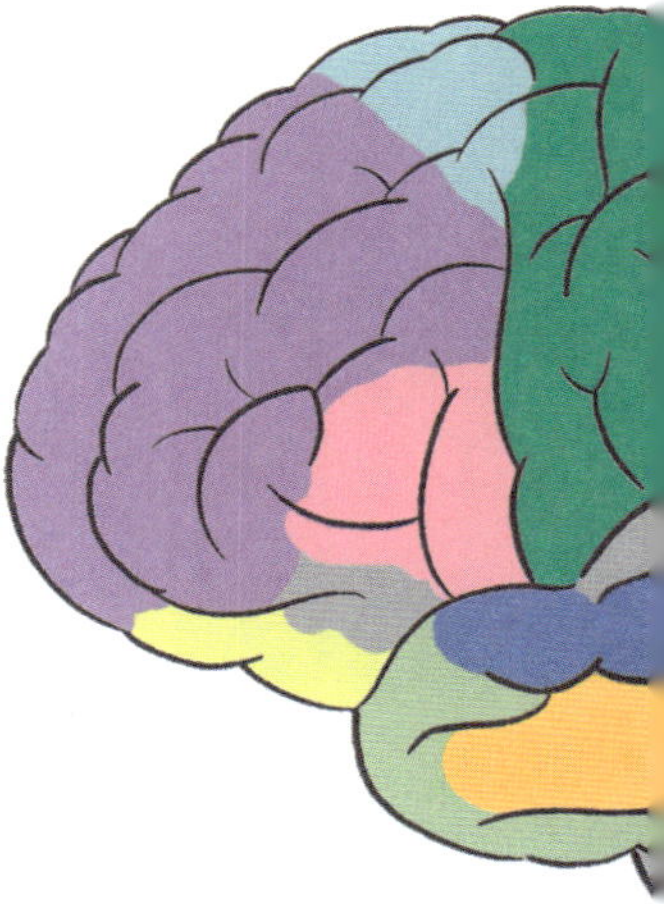

聴覚系脳番地の機能低下

- 人の話が理解しにくい
- 音楽に興味がなくなる
- しゃべり方が聞き取りにくくなる

人の話が１回でわからず、何度も聞き返すように。耳からの情報に弱くなるため、ラジオや音楽に興味をなくす。自分の声がわからないので、しゃべる時にモゴモゴとこったり、声が小さかったりと聞き取りにくくなる。

脳損傷で、左側が見えなくなる!?

理解系付近が損傷してしまった時、空間の半側（左右どちらか半分）への注意が行かなくなる「半側空間無視」という症状が見られることも。症状は左半側に限定されることが多く、これは右脳と左脳の役割の違いが関係していることがわかっています。大脳の左脳は空間の右側、右脳は左側への注意を担います。しかし左脳が受け持つのが右側だけなのに対し、右脳は左側だけでなく右側へも注意を向けています。そのため左脳へのダメージにより注意力が低下した場合も、右脳が右への注意力をカバーするのです。

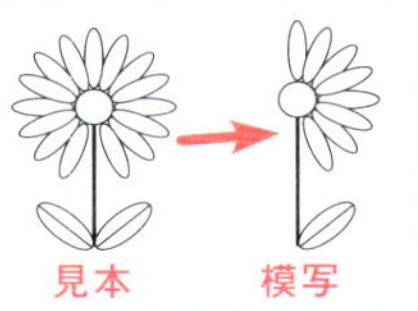

半側空間無視の患者に花のイラストを模写させると、左側の花びらを正しく描けないといったことが起こる。

Q.15 QUESTION 珍しい高次脳機能障害にはどんな症例があるの?

手足が勝手に動く!?　エイリアンハンド症候群（AHS）

前頭葉の損傷に関連して起こるとされる運動障害。自分の体の一部なのに異物のように感じられ、まるでエイリアンにのっとられたかのような動きをするため、この名がつけられれた。

仮説

根本的な治療は確立されておらず、AHSの症状を抑えることが目的となる。あらかじめ症状が出る方の手にモノを握らせてくことが有効とされる。

映画で注目されたエイリアンハンド

S・キューブリック監督のブラックコメディ『博士の異常な愛情』（1964年）では、ピーター・セラーズ演じる主人公が勝手に動こうとする右手を左手が制御しようとする姿が繰り返し描かれた。

どんな症状?

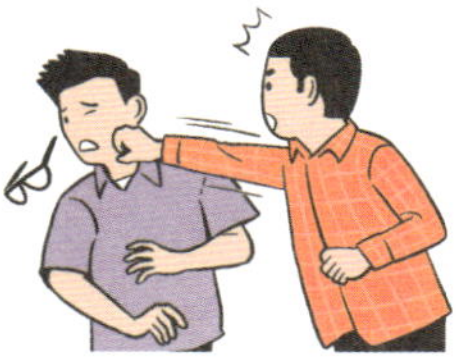

意志とは無関係に片方の手が勝手に動き、物をつかんだり、移動させたりするなどの行動を見せる。対抗する手の動きを邪魔したり、場合によっては人を攻撃することも。

いまだ解明できない不思議な症例も

高次脳機能についてはいまだわかっていないことが多く、臨床の現場でもごくまれな症例も多々あります。ここでは、なぜそれが起こるのか、原因が正確に特定されていない珍しい２つの症状を紹介します。

１つはエイリアンハンド症候群です。自分の手や腕がまるで別の意志を持ったかのように勝手に動いてしまうという症状で、左右の大脳を繋ぐ脳梁へのダメージが関連し

A.15 ANSWER エイリアンハンド症候群やサヴァン症候群などがある

常人離れした能力を発揮するサヴァン症候群

1887年にイギリスのダウン博士によって発表。特定の脳番地の損傷による発達障害や知的障害を持つ人が、驚異的な記憶力などの常人離れした能力を示す症例。

仮説

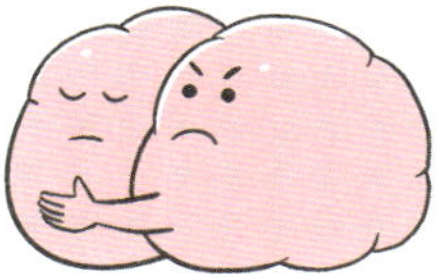

一部の脳番地が損傷していていも、時として残された脳番地が脳全体の成長を加速させる。傷ついた脳を補完するために、他の脳番地が目覚ましく発達したことが考えられる。

どんな症状?

記憶に関係する能力として、一度見ただけの写真を細部まで完璧に覚える、何千冊もの本を暗記する、聞いたばかりの曲をそのまま演奏できるなどの例がある。

ていると考えられています。P.127で紹介した、脳梁を分断した患者にも、まれに見られる症状だったとされています。

もう1つはサヴァン症候群です。実在の人物をモデルにした映画『レインマン』（1989年）でも描かれた症状で、脳になんらかの障害を有する一方で、常人には真似のできない驚異的な能力を示す状態を指します。これは**傷ついた脳番地を庇うために、他の脳番地が補助する形で特異的に発達した結果**ではないかという仮説が考えられます。

Q.16 QUESTION 高次脳機能障害は治る？

脳には自己修復・補完作用がある

ゴムのように柔軟な脳は、損傷を受けても病巣を切り取ればまた元の形に戻ることがある。さらに損傷していない脳番地への枝ぶりを伸ばすことで、高次脳機能を補っていこうとする。

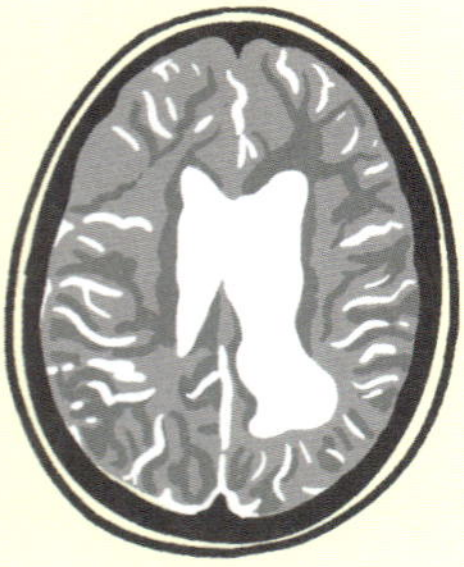

幼少期の脳病変により左脳を中心に損傷があった例

左頭頂葉の白質障害が主体となり、左海馬の遅滞、両側側頭葉白質の遅れが見られたAさんの 11 歳当時の脳画像を図版化。画像右下部分に白質化が目立つ。脳幹、小脳、大脳基底核、前頭葉は正常のため、視覚、嗅覚、コミュニケーション能力はダメージが小さい。

症状

- **右側の視覚認知、聴覚認知の遅れ**
- **海馬の発達の遅れから記憶力の遅れ**

残った脳番地を活かす！脳全体で考える

もしある脳番地が損傷しても、**健常な脳番地は損傷を受けた部分と共存しながらある程度自律的に修復や再組織化を行います**。脳に障害がある人は「これはできない」などと周囲に勝手に判断され、潜在能力を過小評価されてしまいがちですが、ダメージを受けた以外の脳番地が正常であれば、障害を受けた脳番地の役割を補う、あるいは成長を引っ張る形で高次脳機能が育っていくことは十分にあり

A.16
ANSWER

ダメージのある部分を補う形で他の部位が発達する

幼少期の脳病変で左脳を中心に損傷があった例

乳幼児期に一定程度まで発達した高次脳機能は、その後も積極的に使うことでより高度にできる。体を複雑に動かしたり、状況に応じて瞬時の判断が求められたりするスポーツを行うことは、その最適な訓練となる。

左脳を補う形で右脳が発達

リハビリを続けたAさんが14歳の時に撮影された脳画像では、別人のように変化した。特に11歳の時に左右差が認められなかった前頭葉で、左脳の枝ぶりの育ちが目立ち、日常会話などで劇的な成長が見られた。

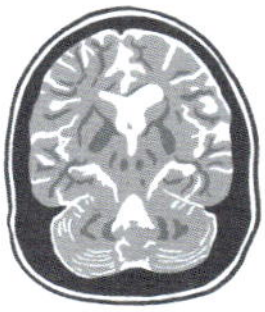

3年後の成長

- 日常会話がスムーズに
- 文章作成能力や表現力などが進歩

注力したリハビリ

- 図や絵を見せながら視覚系脳番地を経由して理解を促す
- 理解系脳番地の側頭葉は正常なのに未熟であるため、育てる教育を
- 他人とのコミュニケーションを積極的に行い、感情系脳番地をさらに育てる

視覚野の発見も高次脳機能障害からだった!

脳の視覚野と機序を明らかにしたのは、1981年にノーベル賞を受賞したアメリカ人の博士。実はそれ以前に視覚と脳の研究で歴史的な発見をしていたのは日本人医師・井上達二でした。頭部に銃創を負った兵士の脳から、後頭葉の視覚中枢を世界で初めて検証していました。

井上達二
井上眼科病院の7代目院長。東京大空襲による罹災患者の治療などに尽力するなど、多大な貢献を残した。

えます。その時ダメージを受けた脳番地をリハビリするのではなく、**残った脳番地を活かして鍛えるという発想が重要**です。

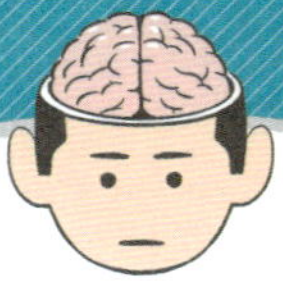

PART 2

脳をもっと知りたい

CHAPTER 3

脳に働きかけることはできるの？

この章でわかること

脳の機能や働きを意図的に変えられるか

Part1 Chapter5 では、 脳番地ごとの鍛え方を解説しました。 しかし、 もっと直接的に、 より大きな変化を脳に与えることはできないものでしょうか。 脳科学の歴史の中から、 同じように考え、実践してきたさまざまな例を紹介します。

科学技術によって脳をコントロールした事例

脳への働きかけの中には、 なかばオカルト的なものもありますが、医療の場で実践されてきた技術も数多く存在します。 今では考えられないような非人道的な手術や、 現在も採用されている脳に電気刺激を与える治療などを紹介していきます。

未来の脳科学の可能性を考える

映画や漫画の世界では、 脳を移植したり、 作ったり、 機械で再現したりといった描写がたびたび見られます。 そんな SF 的な脳科学は実現するのでしょうか?　近年の具体的な研究事例を紹介しながら、 未来を見据えた脳科学の可能性を考えます。

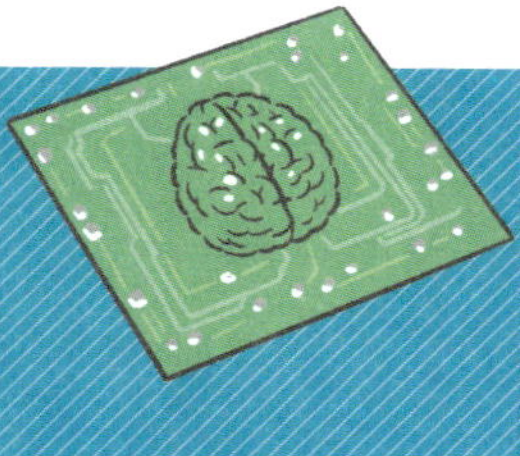

Q.17
QUESTION

脳をコントロールすることはできるの？

鍵を握るのは、脳のデフォルト・モード・ネットワーク

脳内の神経回路はセイリエンス・ネットワーク（SN）によって、CENとDMNが切り替わる。CENは目の前の課題に集中して取り組む時にアクティブ状態になり、CENがオフの状態の時はDMNがこれまでの記憶を頼りに行動を制御する。

デフォルト・モード・ネットワーク

DMN：内側前頭前野、後帯状皮質、楔前部、下頭頂小葉などさまざまな部位が繋がった状態で起動する神経回路。

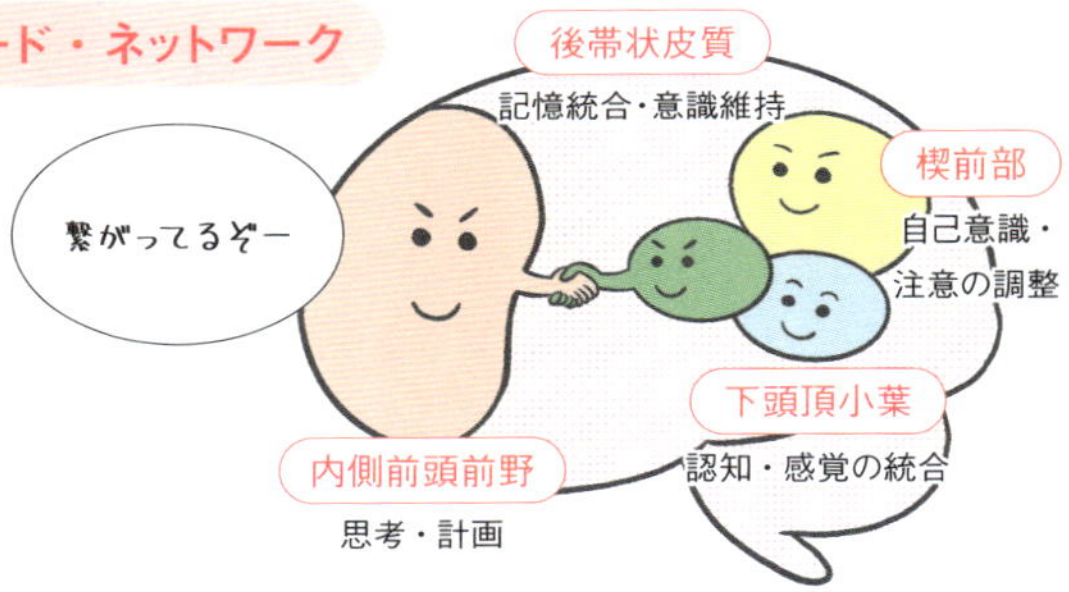
繋がってるぞー
後帯状皮質
記憶統合・意識維持
楔前部
自己意識・注意の調整
下頭頂小葉
認知・感覚の統合
内側前頭前野
思考・計画

脳機能の回路の解釈 CENとDMN

脳の働きをどのように捉えるかは、いろいろな解釈が提案されています。

例えば、起きている間の**脳内はいつも同じ状態で活動しているわけではなく、ネットワークの切り替えが行われています。**目の前の仕事や課題に集中して取り組んでいるオン状態の時に繋がるのがセントラル・エグゼクティブ・ネットワーク（CEN）、反対にリラックスした状態で繋がるのがデフォルト・モー

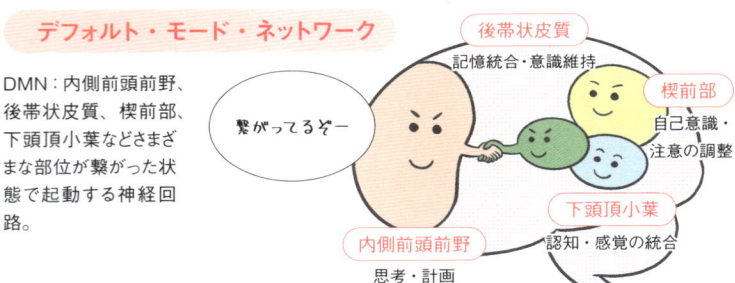

A.17 ANSWER 脳内ネットワークの切り替えで可能とされる考えがある

変性意識状態になりやすいシチュエーション

- 入浴　● 瞑想
- 催眠術
- スポーツシーンや作業でゾーンに入った状態

ボ〜…

DMN が活発➡内省的に

SN
ZZZ…
CEN
!!
DMN

一見リラックスした状態だが、記憶領域が活発になるため、過去の記憶に悩むことも。一方、記憶同士が繋がり、思わぬアイデアに繋がることもある。

CEN が活発➡集中力を発揮

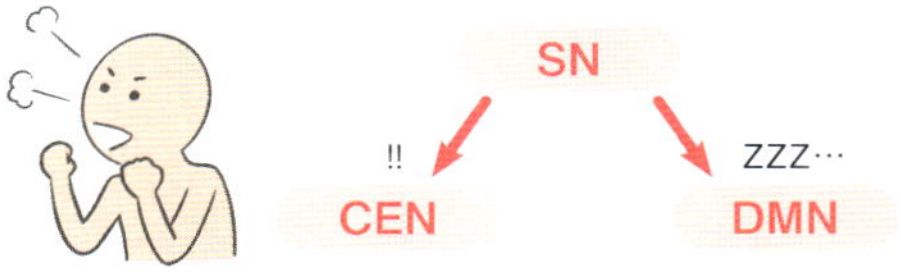

SN
!!
CEN
ZZZ…
DMN

目の前の課題やタスクに集中している時、興奮状態で優位になる神経回路。過度な緊張状態にあると強制的に DMN に切り替わってしまうことも。

DMN の制御で意識が今、ここに集中する?

パフォーマンスを発揮するためには、変性意識状態に入る(ゾーンに入る)ことが望ましい。その際、過去の記憶領域にアクセスし続ける DMN を優位にし続けておくと、変性意識状態とはならない。DMN を劣位にする手段として注目されているのがマインドフルネスです。

ド・ネットワーク（DMN）と捉える考え方があります。さらに、もう一歩進んだ脳の状態を、DMNをより劣位にし、無我夢中の境地のとなった「変性意識状態」と捉えることも。ビジネスシーンで注目される瞑想なども、これにあたる考えられます。

Q.18
QUESTION

幻覚剤は脳にどう働くの?

DMNを強制的に劣位にさせることで思考パターンに混乱をもたらす?

DMNが脳の情報処理を効率的に行うことで、日常生活をスムーズに行うことができると考えられている。一方でDMNが優位になり過ぎると情報が絞られることで思考パターンが一定化し、自我に固執しがちに。

思考パターンがフレッシュに

固定された思考パターン

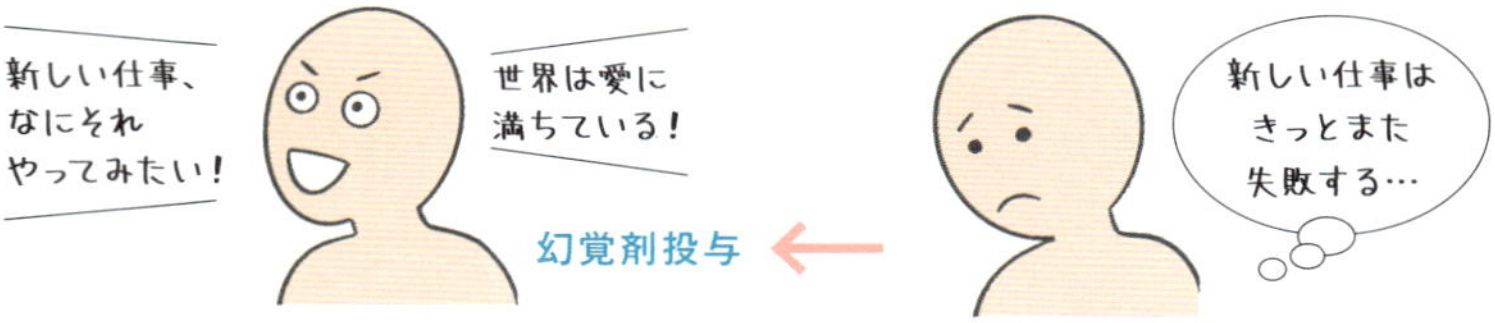
新しい仕事、
なにそれ
やってみたい!
世界は愛に
満ちている!
幻覚剤投与
新しい仕事は
きっとまた
失敗する…

DMNの統制が弱まるため、脳内の情報処理の優劣がランダムに。固定化された思考パターンがリフレッシュされ、これまでにない視点から世界を捉えることが可能?

記憶に基づき、情報に対して「いつもの」効率的な選択を行っていく。意識は外ではなく自己に向かう。

幻覚剤で変性意識状態に?

前ページではDMNを劣位にし、変性意識状態に入るための手段として、マインドフルネスを紹介しましたが、幻覚剤には、さらにその作用を強める効果があるのではないかとも考えられています。

記憶領域と密接に繋がるDMNは、脳に入ってくる膨大な情報を記憶と結び付けて処理し、人間の活動を効率的に行うことを可能にするネットワークです。しかし優位になり過ぎると、自我の締め付け

A.18
ANSWER

子どものような思考パターンになるという説も

脳内ネットワークがオープンに?

一部の仮説ではDMNの低下によって、かつてない脳内ネットワークが活発に確立されるためにそのような現象が起こるとも考えられているが、まだ論拠となる研究結果は出ていない。

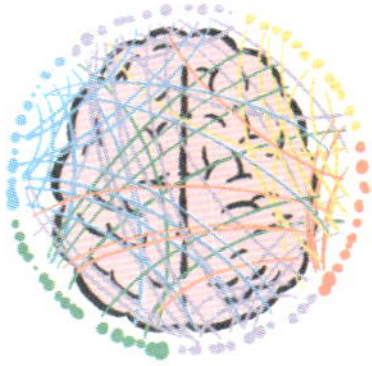

幻覚剤※の種類

LSD

向精神薬。半合成薬物。幾何学的なビジョンや時間が拡張する体験などを起こすとされる一方、フラッシュバックなどの副作用も指摘される。

シロシビン(サイロシビン)

中枢神経系に作用し、視覚の歪みなどの幻覚作用や多幸感を起こす。一般にマジックマッシュルームと呼ばれるキノコに含有される。

MDMA

合成薬物。俗に「エクスタシー」などの名称で呼ばれている。多幸感や開放感に加え、他者との共感作用などをもたらす。

によって思考が硬直化し、うつ病などの障害にも繋がる恐れがあります。

一部の研究では、**幻覚剤を使用することでDMNの機能を強制的に低下させることができると考えられています。**通常のネットワーク以外の回路がオープンになることで、通常は抑制されているが外界からの刺激が新たな思考を生み出す可能性が指摘されています。

こうした**幻覚剤の作用は、近年脳機能の観点からも見直され、精神疾患の治療に向けた研究も進んでいます。**

※日本ではこれらの幻覚剤はいずれも違法薬物とされる。

Q.19
QUESTION

脳自体を変えることはできるの?

頭蓋骨に穴を開けるトレパネーション

穿頭とも呼ばれ、皮膚を切開した上で頭蓋骨の一部に穴を開け、再び皮膚を縫い閉じる術。本来は医療目的の行為だが、脳の血流をアップさせる、意識を覚醒させるなどの目的で民間療法的に行われた例もある。

予想されるデメリット

- 医療環境が整った場所で行わない限り、細菌感染などを引き起こす可能性がある。
- 脳を守るために重要な頭蓋骨が一部失われてしまうことで、事故などの損傷を受けやすくなる。

期待されるメリット

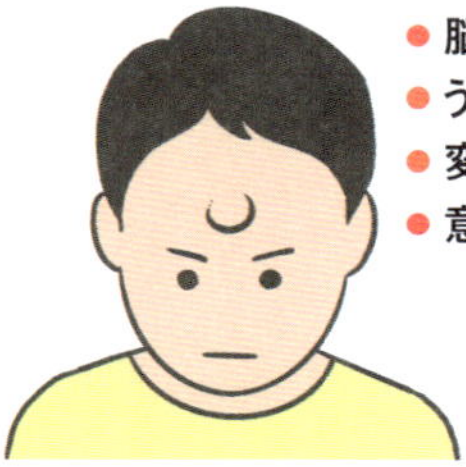

- 脳の血流UP?
- うつ病が改善?
- 変性意識状態に?
- 意識が覚醒?

過去に実際に行われた2つの外科手術

脳番地を鍛えることで、生涯にわたって脳の形を変えていくことは可能です。一方で、**外科的な手法で外部から強制的に部分的に脳を変形させることも不可能ではありません。**実際の例としてはトレパネーション、ロボトミーという2つの方法が知られます。

　トレパネーションは、頭蓋骨の一部に意図的に穴を開けることで、神秘的な効果を狙うもの。穴の空いた頭蓋骨は世界中の遺跡から発掘されて

A.19 ANSWER トレパネーション、ロボトミーなどフィクションのモチーフにも

前頭葉の一部を切除するロボトミー

前頭葉の一部を切り取ることで、攻撃性が失われ、穏やかな人格へと変化するとされ、1940 ～ 1950 年代に欧米を中心に行われていた。しかし、感情や自発性、知性が著しく失われる点が次第に非難されるように。

数々の問題や事件も起きたロボトミー手術

ジョン・F・ケネディ大統領の妹、ローズマリーも 23 歳の時にロボトミー手術を受け、重度の後遺症を負ったことが知られています。また日本では 1979 年に 50 代のスポーツライターがロボトミー手術を担当した医師を恨み、担当医師の家族を殺害するという事件も起きています。

どんな手術?

眼窩を通して手術器具を脳内に差し入れ、前頭葉を切除する手術。

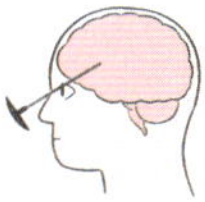

期待されるメリット

- うつ病、統合失調症、パニック障害などに悩む患者の不安感や癲癇、ストレス行動の緩和
- 患者の暴力性による養護困難の緩和

実際のデメリット

- 失禁などの排泄障害
- 過度の食欲増進
- 無気力化、無個性化

おり、それを神秘主義的な思想と関連付ける主張が一部にあります。

トレパネーションはオカルト的な主張の下で行われた行為ですが、一方のロボトミー（前頭葉白質切截）は、れっきとした医療行為。精神疾患（および、かつて精神病とされていた個人の特性）の治療として脳の前頭葉を切り取る手術で、広く施術されてきました。しかし、研究が進むうち、人間性の喪失などが認められるようになります。その人道性が問われ、現在ではほとんど行われていません。

Q.20 QUESTION 実際に臨床に使われている脳に電極を繋ぐ方法があるって本当？

保険適応もされている脳深部刺激療法（DBS）

症状に繋がる神経の細胞活動を抑制することを目的に、脳内に直接埋め込んだ電極を皮下に装着した装置で刺激する治療法。患者の独立した活動が可能となり、日本では2004年に保険適用となっている。

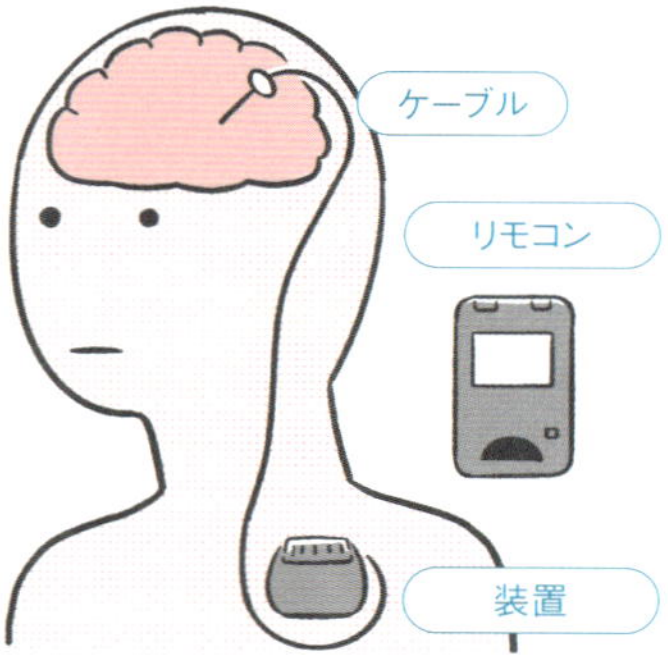

どんな治療法？

脳内に電極を差し込み、延長用ケーブルを通して前胸あたりに皮下に植え込まれた神経刺激装置と結ぶ。患者はリモコンのようなもので装置を操作する。

治療対象となる疾患

- パーキンソン病
- 本態性振戦
- ジストニア
- 難治性疼痛
- てんかん

など

脳への刺激で活動を支えるDBS

脳に直接電極を差し込み、刺激を送ることで活動を支える、まるでSFのような治療が実際の臨床現場で行われています。脳深部刺激療法（DBS）と呼ばれ、適用されるのは、主にパーキンソン病に悩む患者です。

パーキンソン病は認知症と同様に、加齢により発症することが多い高次脳機能障害の一種です。手足の震えや動作の鈍りをきっかけに症状に気づくことが多く、進行すると

A.20 ANSWER パーキンソン病への治療として「脳深部刺激療法」がある

パーキンソン病に対するDBS治療のメカニズム

パーキンソン病は体の動きに深く関わるドーパミンが減少する病。ドーパミンは中脳の黒質のドーパミン神経で作られ、大脳基底核の線条体に送られる。そこで線条体から運動を微調整する指令が出され大脳皮質からの指令と合わさることで、体をなめらかに動かすことができる。DBS治療は、そのドーパミン減少による運動障害を抑える。

脳線条体※1において、視床下核※2と淡蒼球内節※3が過活動の状態になることで、大脳皮質への指令にトラブルが起き、運動障害が起こる。DBSは、視床下核と淡蒼球内節を電気刺激で抑制することで、大脳皮質への指令をスムーズに行う。

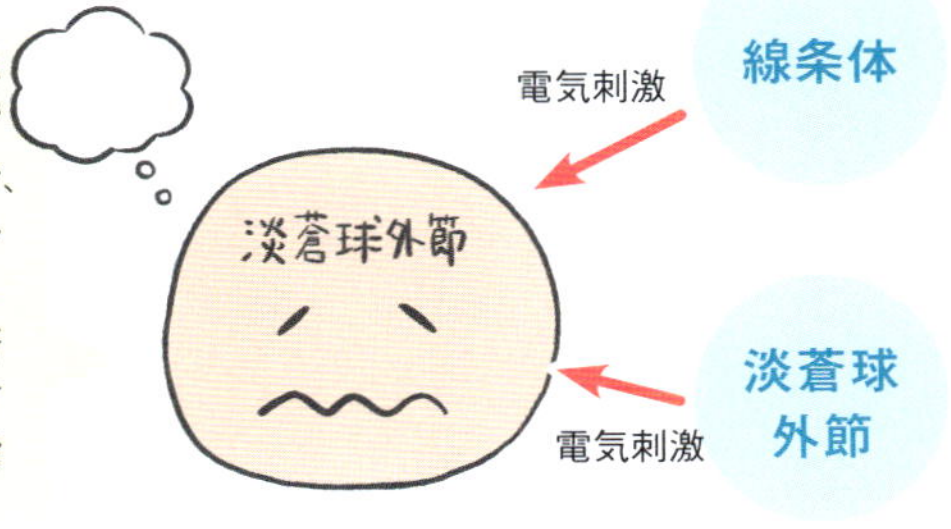

※1 大脳基底核の運動制御に関与する部位。※2 同部位の情報入力部。※3 同部位の情報出力部

動作障害や移動障害が起こり、最終的には寝たきりの状態となってしまいます。

その治療の一環として、脳の特定の部位に電極を埋め込み、電気刺激を与えることで症状を緩和するDBS治療が採られることがあります。

指摘されているDBSのデメリット

- パーキンソン病は進行するため、DBSの効果は次第に薄れる。
- 認知機能の低下に繋がる可能性

Q.21
QUESTION

脳を人工的に作り出すことはできるの?

脳組織を機械に組み込んで機能させる

無数の極小電極に繋げるように脳オルガノイドを培養。電極の先に繋げたコンピューターを操作させるなど、さまざまな処理を行わせる実験が進んでいる。

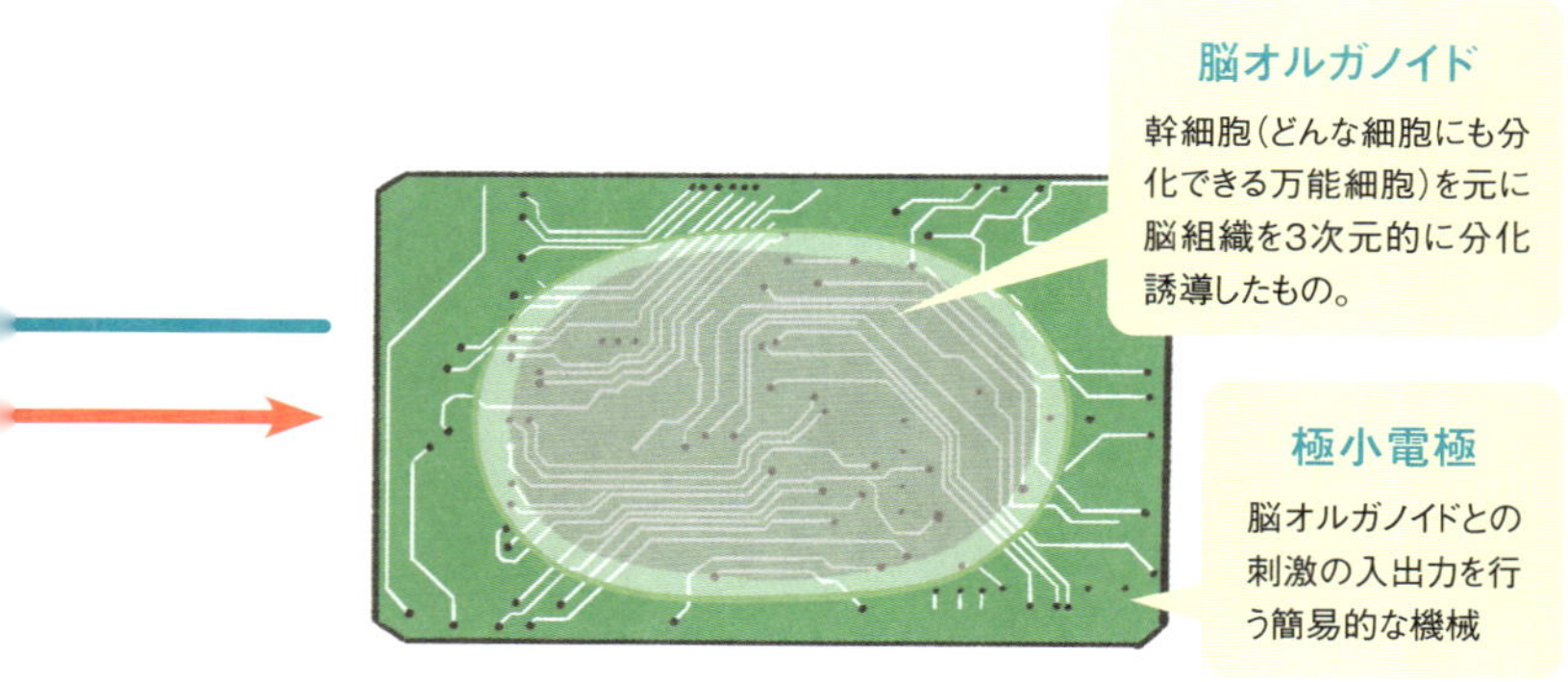
脳オルガノイド
幹細胞(どんな細胞にも分化できる万能細胞)を元に脳組織を3次元的に分化誘導したもの。
極小電極
脳オルガノイドとの刺激の入出力を行う簡易的な機械

培養した小さな脳が注目の的に

脳を0から作り出すことはまだできていませんが、**脳組織を培養し、機能させるための研究が進んでいます**。この研究では、脳細胞を培養して作られる「脳オルガノイド」と呼ばれる組織が注目されています。

脳オルガノイドは単純な構造ながら、脳の一部の機能を備えており、過去には脳波が検出されたり、卓球ゲームのようなタスクで学習に似た反応を示した例もあります。

A.21
ANSWER

培養した“小さな脳”の研究が進んでいる

培養した脳組織がゲームをプレイ

脳オルガノイドを機械に組み込んだ実験で有名なのは、2021 年にオーストラリアの研究チームが行った、ゲームとの接続実験。ゲームの結果に合わせて脳オルガノイドに刺激を与えると、プレイ精度が向上した。

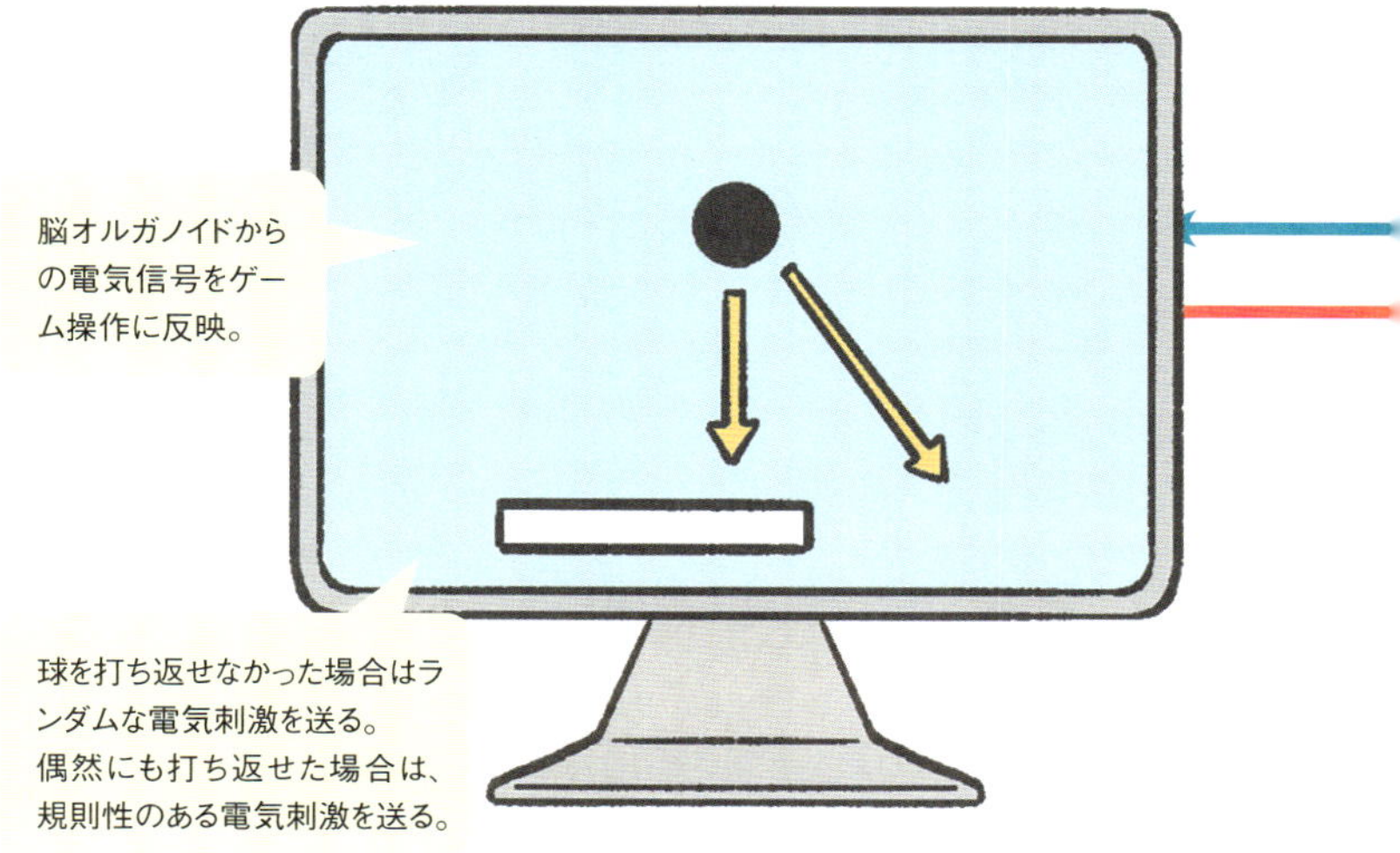

脳オルガノイドからの電気信号をゲーム操作に反映。
球を打ち返せなかった場合はランダムな電気刺激を送る。
偶然にも打ち返せた場合は、規則性のある電気刺激を送る。

跳ね返りながら移動する球をバーで打ち返す「卓球ゲーム」のイメージ。
脳オルガノイドの電気信号をゲームに反映させてバーを動かす。偶然にもバーが球を打ち返せた場合は規則性のある電気刺激を脳オルガノイドに送る。その結果、規則性のある刺激を求めるように打ち返せる確率が向上した。

Q.22 QUESTION 他人の脳を移植することは可能?

脳を取り出しても生かし続けられない

他の臓器と異なって、脳は膨大な量の酸素を必要とする。脳を取り出した時点で酸素供給がストップするので、「回復可能な状態」で移植するには数分で移植を完了させなければならないことになる。

人が心停止した場合、5分程度で脳が酸素不足に陥り、深刻な後遺症が残ることが多い。

脳を取り出した場合、血流も失われるため、同様の状態になる。取り出したあとにどうやって生かし続けるのかが最初の関門だ。

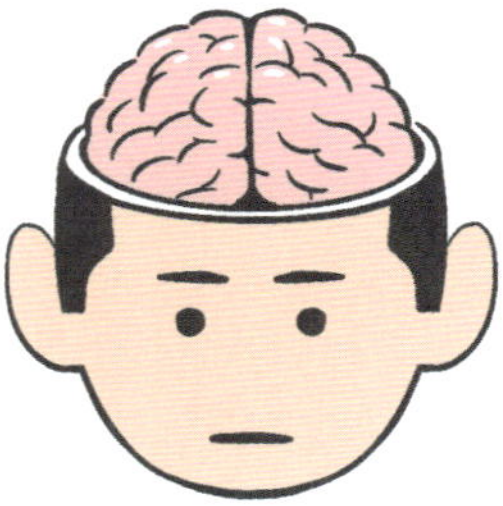

脳の一部なら移植可能

取り出した脳を若い体に移植して延命する――。SF映画などでは古くから表現されている技術ですが、現実にはさまざまな問題があります。他人の体に脳を繋ぐことが難しいのはもちろんですが、脳は酸素が数分間でも不足すると深刻な損傷を受けるため、**取り出した脳を正常な状態で生かし続けること自体が非常に難しい**のです。

一方で、**脳の一部を移植する研究は動物実験で進んでい**

A.22
ANSWER

脳の一部を植え付ける動物実験が進行中

ラットとヒト脳組織の植え付けは成功

脳の視覚処理機能を失ったラットに、ヒト由来の脳組織を移植する実験が行われている。この実験では、ラットが視覚を回復したことを示唆するデータが得られた。

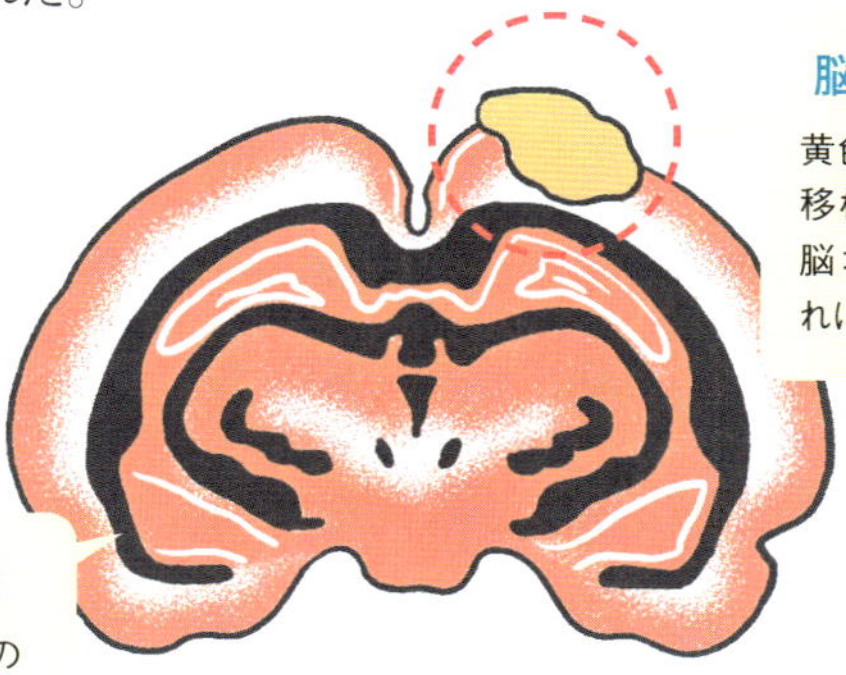
脳オルガノイド
黄色で示した部分が、移植したヒト由来の脳オルガノイド。これにより視力が回復。
ラットの脳
ラットの脳全体の断面。

ます。過去には、パーキンソン病の治療として、胎児由来の神経細胞を脳に移植する治療が行われたことがあります。この方法は倫理的な問題や技術的な制約のため、現在では万能細胞由来に代わっています。しかし、動物実験は盛んで、ヒト由来の脳オルガノイドをラットに移植した結果、神経回路と統合されて機能することが確認されています。今後、人間の脳での応用も期待されていますが、こちらも倫理的な課題や技術的な壁があり、臨床での実施にはまだ時間がかかりそうです。

Q.23 QUESTION 脳をバーチャルで再現することは可能？

バーチャルで脳の再現を目指す「ブルーブレインプロジェクト」

スイス発の研究プロジェクトで、スーパーコンピュータを活用して脳の神経回路をデジタルで再現する試み。現在はマウスの脳の一部（皮質カラム）をモデル化することに成功。

2005年にスイスの大学で始まった研究プロジェクト

目的は、スーパーコンピュータを使い、脳の神経回路をデジタルで再現し、脳の仕組みを解明すること。神経疾患の理解や治療の助けになることが期待されています。現在は、マウスの脳の一部を詳細に再現することに成功。これまでのデータをもとに、より大規模なモデルの構築も進められている。

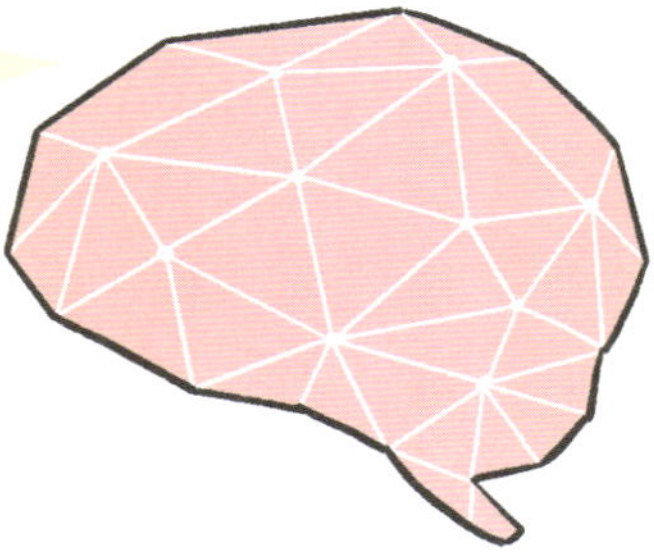

デジタルで再現したり脳組織を組み合わせたり

脳を再現する研究には、さまざまなアプローチがあります。2005年からスタートしたスイスの「ブルーブレインプロジェクト」では、スーパーコンピュータを使って、**脳の神経回路をデジタルで再現**することに挑戦。また、「ニューロモーフィック・コンピューティング」という技術では、**脳の動きをまねるコンピュータチップ**の開発が進行。そして、脳細胞を培養して作る「脳オルガノイ

A.23 ANSWER さまざまな手法での再現実験が進行中

脳に似た電子チップ「ニューロモーフィック・コンピューティング」

脳の神経ネットワークや構造を模倣したコンピュータ技術。特別なチップが開発され、脳のような効率的な情報処理を可能にすることを目指し、次世代のコンピューティング技術として注目されている。

脳の神経ネットワークの構造と動作を模倣して作られたコンピュータ技術

エネルギー効率の高い計算やリアルタイム処理を実現するために開発。従来のコンピュータが苦手とする「学習」「推論」「適応」のようなタスクを得意とする仕組みを目指している。

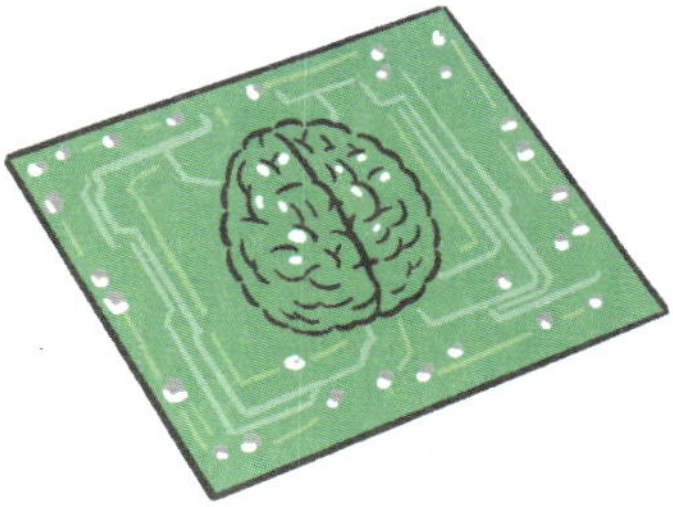

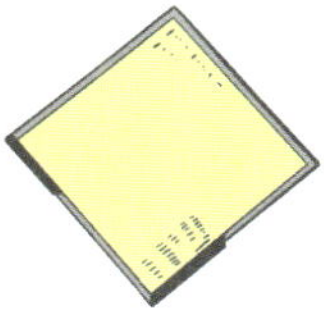

Intel の Loihi

人工ニューロンとシナプスを利用し、超低消費電力で自己学習が可能。特にロボット工学や音声認識などの分野での応用が進められている。

IBM の TrueNorth

百万個の人工ニューロンと２億5600万個のシナプスを搭載。並列処理を得意とし、AIの効率を大幅に向上させる設計。

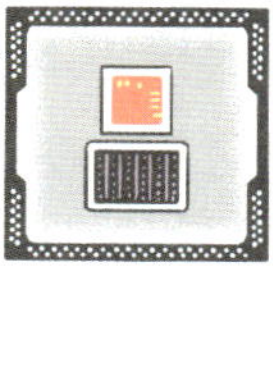

ド」の研究は、ＡＩと組み合わせて情報を処理させる段階すなわち、脳オルガノイドの３Ｄ生物学的ニューラルネットワークの計算能力を活用する**生きたＡＩハードウェア**を駆使する方向に進んでいます。

おわりに

conclusion

自分の脳が今後どのように変化していくか。それはあなたの生き様で決まります。

脳は、日々の学びによって「脳の枝ぶり」が発達し、脳番地ごとの機能が強化されていきます。言い換えれば、脳には人生が刻み込まれ、その生き様を表した形になっていくということです。その変化は年齢を重ねても続き、意識的にしろ無意識的にしろ、最も望まれた形に変化し続けます。

本書では、脳番地ごとにさまざまなトレーニングを紹介しましたが、万人に共通する「脳の仕組み」はあっても、「鍛え方の正解」は存在しません。脳は個人によって得意・不得意が異なるからです。しかし、自分の脳番地の特性を知り、最適な方法でトレーニングを続ければ、脳はより効率的に働くようになります。

脳は、日々の小さな習慣の積み重ねで変わります。本書が、あなたの脳をより良い方向へ導く一助となれば嬉しく思います。これからも、唯一無二の自分の脳を意識し、大切に育てていきましょう。

脳内科医・「脳の学校」代表　加藤俊徳

『一生頭がよくなり続ける もっとすごい脳の使い方』（サンマーク出版）

大人のための勉強法を脳番地の考え方で解説したシリーズ第２弾。年齢にかかわらず、脳の記憶力・理解力・注意力・集中力を底上げする方法とは。大人の勉強で結果を出すための一生使えるテクニックを紹介。

『一流脳　やり抜く人の時間術』（幻冬舎）

自己管理と目標達成の戦術を「脳科学的な知見で案内。「やる気」「集中」「継続」の好循環を生む60の時間管理テクニックと、記憶力や思考力、集中力、発想力を成長させられるノウハウを収録。

『1万人の脳を見た名医が教える すごい左利き』（ダイヤモンド社）

自身も左利きの脳内科医・医学博士である著者が、左利き特有の脳の特徴を解説。左利きは「10人に1人の脳」を持つ「選ばれた才能」の持ち主であるとして、左利きの得意・不得意を科学的に解説する。

『衰えた脳を呼び覚ます すごい記憶力の鍛え方』（KADOKAWA）

「記憶力とは」という基礎的な解説を導入に、脳番地の考えに基づいた記憶のノウハウを紹介。一人ひとりの脳の特性を「記憶脳タイプ」とカテゴライズし、それぞれに合った記憶法を具体的な例とともに解説する。

加藤 俊徳 （かとう・としのり）

脳内科医、医学博士。加藤プラチナクリニック院長。 株式会社「脳の学校」代表。昭和医科大学客員教授。脳科学・MRI脳画像診断の専門家。脳番地トレーニング、脳活性助詞強調おんどく法を開発・普及。小児から超高齢者まで1万人以上を診断・治療。14歳のときに「脳を鍛える方法」を知るために医学部への進学を決意。1991年、現在、世界700カ所以上の施設で使われる脳活動計測「fNIRS(エフニルス)」法を発見。1995年から2001年まで米ミネソタ大学放射線科でアルツハイマー病やMRI脳画像の研究に従事。ADHD、コミュニケーション障害など発達障害と関係する「海馬回旋遅滞症」を発見。帰国後、慶應義塾大学、東京大学などで脳研究に従事し、「脳の学校」を創業。現在、「加藤プラチナクリニック」を開設し、独自開発した加藤式MRI脳画像診断法を用いて、脳の個性や成長段階、弱み強みの脳番地診断を行い、薬だけに頼らない脳の処方を行う。
著書に『一生頭がよくなり続ける すごい脳の使い方』（サンマーク出版）、『すごい左利き』（ダイヤモンド社）などのベストセラーをはじめ『脳とココロのしくみ入門』（朝日新聞出版）など多数。

「脳番地」（商標登録第5056139 ／第5264859）は脳の学校の登録商標です。

加藤式MRI脳画像診断をご希望の方は、以下のサイトをご覧ください。
加藤プラチナクリニック公式サイト　https://nobanchi.com

本書の内容に関するお問い合わせは、**書名、発行年月日、該当ページを明記**の上、書面、FAX、お問い合わせフォームにて、当社編集部宛にお送りください。**電話によるお問い合わせはお受けしておりません**。また、本書の範囲を超えるご質問等にもお答えできませんので、あらかじめご了承ください。
FAX：03－3831－0902
お問い合わせフォーム：https://www.shin-sei.co.jp/np/contact.html

落丁・乱丁のあった場合は、送料当社負担でお取替えいたします。当社営業部宛にお送りください。

サクッとわかる ビジネス教養　脳科学

2025年4月25日　初版発行

著　者　加藤俊徳
発行者　富永靖弘
印刷所　公和印刷株式会社

発行所　東京都台東区台東2丁目24　株式会社 新星出版社
〒110－0016 ☎03(3831)0743

 Printed in Japan

ISBN978-4-405-12041-9